AF456361

BIOGRAPHIE

DU

P. ROUARD DE CARD

DE L'ORDRE DES FRÈRES PRÊCHEURS

PAR

L'ABBÉ ARBELLOT

CHANOINE DE LIMOGES

HISTORIOGRAPHE DU DIOCÈSE

In pace et æquitate ambulavit mecum, et multos avertit ab iniquitate. (MALACH., II, 6.)

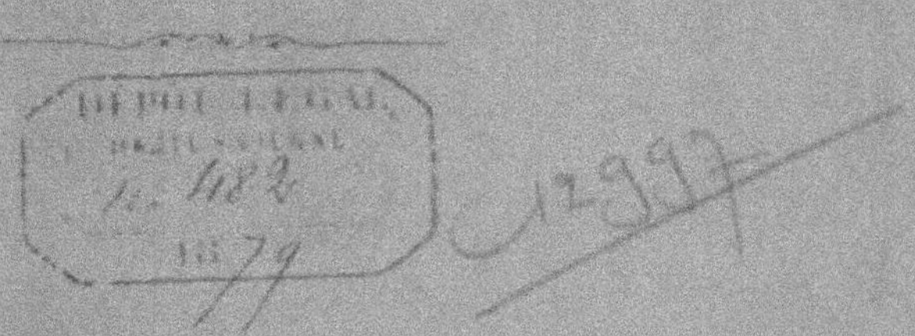

PARIS

HATON, LIBRAIRE-ÉDITEUR

Rue Bonaparte, 35

—

1879

BIOGRAPHIE

DU P. ROUARD DE CARD

DE L'ORDRE DES FRÈRES PRÊCHEURS

FRÈRES

BIOGRAPHIE

DU

P. ROUARD DE CARD

DE L'ORDRE DES FRÈRES PRÊCHEURS

PAR

L'ABBÉ ARBELLOT

CHANOINE DE LIMOGES

HISTORIOGRAPHE DU DIOCÈSE

In pace et æquitate ambulavit mecum, et multos avertit ab iniquitate. (MALACH., II, 6.)

PARIS

HATON, LIBRAIRE-ÉDITEUR

Rue Bonaparte, 35

—

1879

BIOGRAPHIE

DU

P. ROUARD DE CARD

CHAPITRE PREMIER.

« Crescens ætate, crevit etiam pietate (1). »

L'Église, qui nous enseigne à honorer les Saints, nous apprend aussi à honorer la mémoire des chrétiens généreux qui se sont dévoués à son service; elle nous engage à perpétuer le souvenir de ces courageux athlètes qui ont vaillamment combattu pour sa cause; elle veut que l'on conserve à la postérité les titres de gloire de ses nobles enfants; et, pour exciter les chrétiens à la pratique des vertus et à l'amour des grandes choses, elle veut qu'on mette sous leurs yeux de beaux exemples à imiter. C'est dans ce but que nous avons entrepris d'écrire la biographie du P. Rouard de Card, de l'ordre des Frères-Prêcheurs, que nous avons eu l'honneur de connaître personnellement, et dont nous pouvons retracer la vie à l'aide de documents authentiques.

---

(1) *Bréviaire Romain, leçon du 19 novembre.*

Le P. Rouard de Card naquit, à Limoges (1), le 1er janvier 1824, d'une très-honorable et ancienne famille (2), dont les armoiries figurent dans un recueil héraldique qui date du milieu du XVIIe siècle (3).

Il fut baptisé dans l'église de Saint-Michel-des-Lions, sa paroisse (11 janvier); et on lui donna les noms de Joseph-Silvain-Clément-Charles, donl il ne garda dans le monde que le dernier.

Envoyé fort jeune au petit-séminaire du Dorat, il y fit sa première communion et la majeure partie de ses études. Il s'y était concilié l'affection de ses maîtres et de ses condisciples par la douceur de son caractère, l'aménité de ses manières, son intelligence précoce, la pureté de son cœur, et aussi — pourquoi ne pas le dire? — par la beauté extérieure qui le distinguait.

Il termina ses études au lycée de Limoges, où il suivit, comme élève externe, les cours de rhétorique et de philosophie. Il fut ensuite reçu bachelier ès-lettres.

Dès cette époque, il se sentait de l'attrait pour l'état ecclésiastique. Mais sa pieuse mère, craignant que sa vocation ne fût pas assez mûre et assez réfléchie, ne lui permît pas d'entrer tout de suite au grand-séminaire, et il dut attendre encore une année.

Entre sa sortie du lycée et son entrée au grand-séminaire, il employa utilement son temps à l'étude et à la pratique

---

(1) Dans une maison de la rue Pont-Hérisson qui porte le nº 17, et qui fait angle avec la venelle, aujourd'hui fermée, qui montait, sous la maison des Récollets de Saint-François, jusqu'au portail Imbert.

(2) L'an 1556, Claude Rouard fut un des vingt-quatre fondateurs de la confrérie du Saint-Sacrement de la paroisse de Saint-Michel : aussi ses armoiries figurent-elles sur le registre de la Confrérie.

(3) *Armorial manuscrit de Lamy*. Limoges, 1655, p. 67. Ce précieux manuscrit appartient aujourd'hui à M. Eugène Ardant. Les armoiries de la famille Rouard, qui sont tirées du nom, *Roc-ard*, sont d'*argent au rocher* au naturel qui *ard*, à *flammes de gueules*.

des bonnes œuvres. Déjà il faisait partie de la Conférence de Saint-Vincent-de-Paul. Il secondait une de ses tantes, Mme Moulinier-Lagarde, dans la distribution de ses larges aumônes, et la remplaçait, au besoin, dans sa visite des pauvres.

Au mois d'octobre 1842, il entra au séminaire de Saint-Sulpice, à Paris. Dans les premiers mois de son entrée dans cette maison, il se présenta pour le baccalauréat ès-sciences, et il fut reçu après un brillant examen. Pendant les six années qu'il passa au séminaire, il fit de solides études théologiques, se rendit digne, par sa régularité, de remplir un emploi important à la sacristie, et fut jugé capable de prendre rang parmi ces séminaristes d'élite qui sont chargés de faire le catéchisme à la paroisse de Saint-Sulpice. La réputation de ces catéchismes est faite depuis longtemps : c'est à cette école que se sont formés plusieurs célèbres prédicateurs de notre époque ; c'est là qu'ont fait leurs débuts plusieurs prélats de l'Eglise de France.

En 1848, dans les jours de la révolution de Février, les séminaristes avaient été, par mesure de précaution, renvoyés dans leurs familles. L'abbé Rouard, resté à Paris, assista, sous un déguisement, au sac des Tuileries. On se souvient que le christ de la chapelle royale, enlevé avec respect par les insurgés, fut porté comme en triomphe, et qu'on entendit retentir ce cri du milieu de la foule : « C'est notre maître à tous ! » — Quelques jours après, l'abbé Rouard assistait à une conférence du P. Lacordaire, et le grand orateur, faisant allusion à cette scène des Tuileries, s'écriait, du haut de la chaire de Notre-Dame, au milieu des applaudissements de son auditoire : « Grâces à Dieu, nous croyons en Dieu, et, si je doutais de votre foi, vous vous lèveriez pour me repousser du milieu de vous ; les portes de cette basilique s'ouvriraient d'elles-mêmes sur moi, et le peuple n'aurait besoin que d'un regard pour me confondre, lui qui tout à l'heure, au milieu même de l'enivrement de la force, après avoir renversé plusieurs générations de rois, portait dans ses mains soumises, et comme associée à son triomphe, l'image du fils de Dieu fait homme(1). »

L'abbé Rouard fut ordonné prêtre le 26 juin 1848.

Deux jours après son ordination, le 28 juin, il alla célébrer sa seconde messe à Notre-Dame-des-Victoires. A son retour, déguisé en homme du peuple, il se trouva au milieu d'un groupe d'insurgés qui, le prenant pour un des leurs, lui faisaient part de leurs projets. Plein de ce zèle et de ce courage que donne la première ferveur du sacerdoce, il se présenta à l'Assemblée nationale, et obtint du général Cavaignac la permission de porter aux insurgés blessés ou mourants les secours et les consolations de la religion. Son désir ne put être exécuté, car il fut choisi par M. le Supérieur général de Saint-Sulpice pour accompagner le neveu de Mgr Affre, alors séminariste, près du lit de mort de son oncle, qui venait de tomber mortellement blessé sur les barricades, en disant cette parole sublime : « Que mon sang soit le dernier versé ! » Muni d'un laissez-passer, l'abbé Rouard traversa une partie de Paris, au milieu de sérieux dangers, avec le neveu de Mgr Affre, qu'il accompagna à l'archevêché.

CHAPITRE SECOND.

Quid majus quam adolescentulorum fingere mores ?

(S. JOAN.-CHRYS.)

I. — Au mois d'octobre 1848, prié par son évêque de rentrer dans le diocèse de Limoges, l'abbé Rouard, que précédait une brillante réputation de science et de piété, fut appelé immédiatement à d'importantes fonctions. Mgr Buissas le nomma directeur de la maîtrise de la cathédrale. Cette œuvre, de création récente, avait eu pour

---

(1) *Conférences de Notre-Dame*, 1848, Première Conférence, p. 21 et 22.

premiers directeurs deux hommes d'un grand talent, enlevés au diocèse par une mort précoce : d'abord le savant abbé Texier, si connu par ses travaux archéologiques, qui fut nommé supérieur du petit-séminaire du Dorat ; ensuite l'abbé Neveux, orateur, et écrivain distingué, mort depuis archiprêtre de Guéret.

Dans cette maison naissante, qui devait prendre sous son habile direction de rapides accroissements, l'abbé Rouard remplissait les fonctions multiples de supérieur, d'économe et de professeur.

Il n'eut pas de peine à gagner la confiance des enfants et des jeunes gens réunis dans sa maison. Sa douceur, son caractère aimant et sympathique, sa prudence et sa piété le rendaient éminemment apte à ces délicates fonctions. Il comprenait d'ailleurs l'importance de sa charge. Il avait lu ces paroles de saint Jean-Chrysostôme, que l'Église a insérées dans le Bréviaire romain : « Quoi de plus grand que de façonner les caractères et de former les mœurs des adolescents ! Assurément je le regarde comme plus excellent qu'un peintre, un statuaire ou tout autre artiste, celui qui sait former le cœur des jeunes gens à la pratique du bien ! (1) » Le chancelier Gerson pensait de même : « Je ne sais vraiment, disait-il, s'il y a une occupation plus grande que celle de prendre soin de l'âme des petits enfants, et de cultiver et d'arroser en quelque sorte ces plantes si précieuses du jardin de l'Église (2) », qui doivent porter les fleurs et les fruits des vertus. Grâce aux qualités de son nouveau directeur, cette maison devint

---

(1) « Quid majus quam animis moderari, quam adolescentulorum fingere mores? Omni certe pictore, omni certe statuario, cæterisque hujusmodi omnibus excellentiorem hunc duco, qui juvenum animos fingere non ignoret. » (*In cap. XVIII Matth., Homil. LX. — Breviar. roman.*, 27 *Aug.*)

(2) « Nescio prorsùs si quidquam majus esse possit quam parvulorum animos (partem non indignam horti ecclesiastici) quasi plantare aut rigare. » (GERSON, *Tractatus de parvis ad Christum trahendis.*)

florissante ; elle ajouta bientôt à son titre de Maîtrise de la Cathédrale celui d'École de Saint-Martial ; le nombre des élèves doubla en quelques années, et celui des professeurs s'accrut dans la même proportion.

II. — Ce n'était pas assez pour l'activité et le zèle de l'abbé Rouard. Ses supérieurs ecclésiastiques, sachant que la piété est un des fondements de la prudence, — et que, selon la parole des livres saints, *une vie pure donne la maturité de l'âge* (1), — ses supérieurs le nommèrent, malgré sa jeunesse, aumônier et directeur du couvent et du pensionnat des Filles-de-Notre-Dame. Et comme la Maîtrise de la Cathédrale, œuvre naissante, n'abondait pas en ressources pécuniaires, l'abbé Rouard consacrait généreusement ses honoraires d'aumônier au traitement d'un des professeurs de sa maison.

III. — Ses nombreuses occupations de directeur de la Maîtrise et d'aumônier du couvent de Notre-Dame ne l'empêchaient pas de prêter un utile concours à d'autres œuvres de zèle auxquelles l'appelait la confiance de ses supérieurs. Membre du conseil de la Sainte-Enfance, trésorier de l'œuvre de la Propagation de la Foi, l'abbé Rouard suffisait à tout par l'emploi bien réglé de toutes les heures de sa journée.

IV. — C'est à cette époque de sa vie que nous avons eu l'honneur de le connaître. Plusieurs jeunes prêtres de Limoges, amis de l'étude, se réunissaient chez lui pour des conférences familières où l'on traitait des questions de théologie, de liturgie sacrée, d'histoire et de littérature ecclésiastiques : l'abbé Rouard était l'âme de ces utiles réunions.

V. — Toutefois son organisation délicate devait être mise à l'épreuve par tous ces travaux multipliés. Au mois de

(1) « Et ætas senectutis vita immaculata. » (*Sapient.*, IV, 9.)

mars 1852, l'abbé Rouard fit une longue maladie qui donna les plus sérieuses inquiétudes. Comme on craignait une fin prochaine, il fut administré, le lundi de Pâques, par M. de Bogenet, vicaire général.

VI. — C'est à partir de cette maladie qu'il se sentit de la vocation pour l'état religieux et pour l'ordre de Saint-Dominique, comme le prouvent quelques lignes de sa main, tracées au crayon sur un petit *agenda* de poche qu'on a trouvé dans ses papiers. Ces quelques lignes, écrites pour lui-même, nous donnent un fidèle reflet de ses sentiments et comme un miroir de son âme ; on nous saura gré de les reproduire ici :

« Je devais mourir ; la prière m'a sauvé.

» On a prié pour moi, afin que je puisse devenir plus parfait, et être utile à l'Église : et voilà la raison de ma guérison.

» Il faut de toute nécessité que je réponde à cette guérison miséricordieuse : d'abord par un genre de vie plus saint et une plus parfaite intention, ensuite par un plus grand zèle pour le salut des âmes.

» Pour atteindre ce but, la vie religieuse me paraît un moyen plus sûr et plus parfait.

» Par rapport à ma propre perfection, avantages du noviciat, de la règle, du sacrifice religieux... Si je reste dans le monde, n'est-il pas à craindre que je me laisse encore aller ?

» Par rapport au salut des âmes, utilité du sacrifice religieux, des études, de leur direction...

» Je me sens appelé à cet état : car d'une part j'en sens un attrait de plus en plus fort, et de l'autre je n'y vois pas de difficulté sérieuse.

» Attrait plus fort dans ma maladie... Désir de dominicain (?) croissant pendant ma retraite.

DIFFICULTÉS.

» La santé .. Cette difficulté n'existait pas il y a quelques mois : Dieu saura bien la faire disparaitre... Ce n'est pas là une [raison] recevable.

» La famille... C'est le moyen de la sauver... Il faut une vie pure [pour obtenir cette grâce].

» Mgr l'Évêque... Dieu saura bien le décider.

— » Au moment de la mort, je serai content d'avoir pris ce parti.

» Si quelqu'un [qui se trouverait] dans ma position venait me consulter, je lui dirais d'attendre : d'abord à cause de sa santé, ensuite pour voir s'il persévèrerait.

» Je serai prudent et j'en parlerai tout de suite à Monseigneur : car d'une part je n'y vois pas d'inconvénient ; ensuite je gagne du temps.

TELLE EST MA VOCATION.

» Si je ne la suivais pas tout de suite, je serais porté à choisir le ministère comme m'étant plus utile (1). »

VII. — Au mois de juin 1853, l'abbé Rouard entreprit le voyage de Rome, et il profita de son séjour dans la ville éternelle pour se faire recevoir docteur en théologie.

Mgr l'Évêque de Limoges l'avait chargé d'une mission relative à l'Apostolat de saint Martial et lui avait confié une lettre qu'il devait remettre au Souverain-Pontife.

Par suite d'une décision du Concile de Clermont (1850), Mgr Buissas avait fait rédiger le Propre des Saints du diocèse de Limoges, et l'avait envoyé à Rome pour le faire approuver : dans ce Propre diocésain, il n'avait pas manqué de conserver à saint Martial le titre et le culte d'Apôtre, que lui donnait une tradition immémoriale, et que plusieurs Conciles provinciaux et deux Souverains-Pontifes lui avaient solennellement décernés.

Le secrétaire de la Congrégation des Rites, Mgr Gigli,

---

(1) Ce petit *agenda* est entre les mains de M. Rouard, receveur de l'Enregistrement, frère du dominicain.

n'avait pas été favorable à ces privilèges : il avait effacé le titre d'Apôtre, pour le remplacer par celui d'Évêque, et substitué au culte qu'on rend aux Apôtres le culte inférieur qu'on rend aux Confesseurs-Pontifes.

Après avoir reçu ce Propre ainsi révisé, Mgr Buissas se hâta d'écrire au Pape pour lui présenter ses légitimes réclamations ; et, dans cette lettre, qu'il confia à l'abbé Rouard, il justifiait le culte d'Apôtre rendu à saint Martial. Pie IX renvoya l'affaire au jugement de la Sacrée-Congrégation des Rites, et, le 8 avril 1854, après des débats solennels, ce tribunal suprême rendit sur l'Apostolat de saint Martial une décision favorable, que le Souverain-Pontife sanctionna le 18 mai suivant.

Dans ce premier voyage à Rome, l'abbé Rouard eut l'occasion de voir M. de Montréal, qui commandait la division d'occupation des États-Romains. Le général fit le meilleur accueil à son jeune compatriote, dont la famille avait avec la sienne des relations d'amitié ; il lui donna des marques particulières de sa bienveillance, et, comme nous le dirons plus tard, l'abbé Rouard sut mettre à profit l'influence dont le général jouissait auprès de la Cour romaine.

VIII. — Nous ne pouvons oublier que, pendant son séjour à Rome, l'abbé Rouard fit, à notre intention, d'utiles recherches. Ainsi il collationna et transcrivit les anciens documents de l'église cardinalice de Sainte-Marie *in Via lata*, qui reconnaît comme son fondateur saint Martial, disciple de saint Pierre et premier Évêque de Limoges (1). De plus, il découvrit, dans un vieux manuscrit de la bibliothèque de la Minerve, les vers de Fortunat sur saint Martial, dont la copie nous fut très-utile pour restituer certains mots qui étaient omis ou défigurés dans la grande édition de Fortunat par le cardinal Luchi (2).

---

(1) *Dissertation sur l'Apostolat de saint Martial*, p. 94.
(2) *Ibid.*, p. 75.

IX. — Mgr Buissas, voulant récompenser l'abbé Rouard de ses services, le nomma, à son retour de Rome, chanoine honoraire de Limoges, le 28 août 1853, et le désigna, cette même année, pour prêcher l'Avent à la cathédrale.

C'est à cette époque (octobre 1853) que la Maîtrise de la cathédrale prit le nom d'École de Saint-Martial. L'abbé Rouard disait à ses confrères de l'établissement : « Cette maison a été bénie par le Pape : elle prospérera ; mais ce ne sera pas sous ma direction ».

A Rome, la vocation de l'abbé Rouard s'était mûrie : il avait vu les Dominicains du couvent de la Minerve et du couvent de Sainte-Sabine ; il avait consulté le P. Jandel : sa détermination était prise; il avait vu le Pape, et le sourire de Pie IX, qui s'était abaissé sur lui, avait augmenté son dévouement, j'allais dire sa *dévotion* pour le Souverain-Pontife. Afin d'unir les deux dévotions chères à son cœur, celle de la sainte Vierge et celle du Pape, il voulut les témoigner par le nom qu'il devait prendre en religion ; et, le 8 décembre 1854, jour où Pie IX proclamait le dogme de l'Immaculée-Conception de la sainte Vierge, l'abbé Rouard, qui devait s'appeler Frère Pie-Marie, partit pour Rome et alla faire son noviciat dans le couvent des Dominicains de Sainte-Sabine.

N'oublions pas un détail qui a son importance. L'abbé Rouard avait voulu consulter sur sa vocation le vénérable curé d'Ars, M. Vianney : il lui ouvrit sa conscience, et lui demanda son avis, qui fut très-favorable et conforme à ses désirs. Dans ce voyage, il fut témoin d'un acte d'attention très-clairvoyant en faveur d'une dame étrangère, qui, mêlée à la foule, et forcée de hâter son départ, craignait de n'avoir pas le temps de s'adresser au bon curé et de lui demander ses conseils.

Avant de quitter Limoges, voulant reconnaître et affirmer les liens sacrés qui unissent, depuis l'origine, les ordres de Saint-Dominique et de Saint-François-d'Assise, l'abbé Rouard fit don de sa bibliothèque aux PP. Franciscains de Louyat.

CHAPITRE TROISIÈME.

Oh Rome! my country, city of the soul!
(LORD BYRON.)

I. — A cette époque (1854), sous le sceptre paternel de Pie IX, Pontife-Roi, — tout catholique, fût-il parti des contrées les plus reculées de l'Europe ou du Nouveau-Monde, — tout catholique, en rentrant à Rome, n'était pas un étranger, et il pouvait dire avec amour ces paroles du poète anglais : « O Rome ! ô mon pays ! cité de l'âme! » Tout prêtre surtout, tout religieux, en mettant le pied dans la ville des Papes, pouvait dire avec assurance : « Ici je suis chez moi ! » L'abbé Rouard éprouva le charme de ce pieux sentiment, quand il se rendit, pour y faire son noviciat, dans la capitale du monde chretien; et son visage s'épanouit, son cœur tressaillit de joie, quand ses yeux, tournés vers l'horizon, virent briller au loin la coupole dorée de Saint-Pierre.

II. — Pourquoi l'abbé Rouard, se sentant appelé à l'état religieux, avait-il choisi de préférence l'Ordre des Frères-Prêcheurs ? — D'abord, sa tendre piété pour la sainte Vierge le portait naturellement vers un ordre qui a reçu la mission de répandre et de propager dans le monde la dévotion du Rosaire ; puis le but de cet ordre, qui est la conversion des âmes par la prédication et la science, allait parfaitement à la trempe de son esprit ; enfin les grands saints et les grands génies qui ont fleuri dans cet ordre, depuis le XIIIe siècle jusqu'à nos jours, depuis saint Dominique et saint Thomas d'Aquin jusqu'au P. Lacordaire, l'attiraient fortement vers cette société religieuse. Que de grands saints et de grands génies ! Saint Dominique, qui, selon les paroles de Dante, « fut sur la terre, par sa science, une splendeur de la lumière des chérubins (1) » ; saint Dominique, que le Pape Innocent III, dans une vision mystérieuse, avait vu soutenant la basilique de Latran (2), symbole de la Papauté ; puis Albert le Grand, le maître du Docteur angélique ; saint Thomas d'Aquin, disciple plus grand que son maître, saint Thomas, l'Ange de l'école, « l'une des plus grandes têtes qui aient existé dans le monde » (3) ; saint Raymond de Pennafort, saint Vincent Ferrier, saint Antonin de Florence, saint Pie V, et tant d'autres : quelle constellation de grands hommes et de grands saints ! En entrant dans leur compagnie, le P. Rouard pouvait redire avec bonheur ce vers sublime de Dante :

« Che di vederli in me stesso m'esalto (4) ! »

« Quand je me vois au milieu de ces grands saints et de ces grands hommes, comme je me sens fier d'être dominicain ! »

Nous n'avons pas de renseignements précis sur l'année de noviciat que le P. Rouard passa au couvent de Sainte-Sabine ; mais nous sommes certain que, sous la direction du Révérendissime P. Jandel, il fit de grands pas dans la perfection, et qu'il fut là, comme partout ailleurs, un modèle d'édification et de piété.

---

(1) L'altro per sapienza in terra fue
Di cherubica luce uno splendore.
(DANTE, *Paradiso*, canto XI, 38, 39.)

(2) MONTALEMBERT, *Vie de sainte Élisabeth*, in-8, 1854 ; introduction, p. XLIII.

(3) DE MAISTRE, *Soirées de Saint-Pétersbourg*, 1836, T. I. p. 139.

(4) Colà diritto sopra 'l verde smalto
Mi fur' mostrati gli spiriti magni,
Che di vederli in me stesso m'esalto.
(DANTE, *Inferno*, canto IV, 118-120).

III. — Nous trouvons dans l'*Histoire de Notre-Dame-d'Arliquet*, relativement à la part que le P. Rouard prit à cette œuvre, quelques détails que nous allons abréger, compléter parfois, et au besoin rectifier.

Lorsqu'il se rendait à Rome, l'abbé Rouard s'était arrêté à Lorette. Là il avait éprouvé cette émotion religieuse qu'un de ses compatriotes, Marc-Antoine Muret, l'orateur des Papes, avait ressentie et chantée en beaux vers (1). En priant dans cette maison bénie, où s'accomplit le grand mystère de l'Incarnation du Verbe, l'abbé Rouard se souvint de sa mère et de sa sœur ; de la paroisse d'Aixe, où elles demeuraient et où il avait prié souvent *Notre-Dame-des-Reliques ;* il se rappela que le Souverain-Pontife Pie IX, par ses Lettres *Inter omnia sanctissimæ Dei Genitricis*, publiées en 1852, avait autorisé la Sacrée-Congrégation de Lorette à s'agréger d'autres sanctuaires dans le monde entier (2), et alors il lui vint cette pensée : « Pourquoi ne ferais-je pas agréger la petite chapelle d'Arliquet à Notre-Dame-de-Lorette ? Sans doute c'est bien difficile... Il n'y a maintenant, en France, que l'église de Notre-Dame-des-Victoires, à Paris, qui jouisse de ce privilége... Comment obtenir un privilége semblable pour une pauvre petite chapelle qui est à peine connue en Limousin, et qui n'a d'autre titre que sa pauvreté ?... C'est bien difficile !... C'est même impossible !... Eh bien ! j'essaierai.... ».

IV. — Arrivé à Rome, le P. Rouard fit la connaissance d'un cardinal influent, auquel il fit part de son projet. Ce cardinal l'ayant accueilli avec faveur, et ayant promis de l'appuyer, le P. Rouard écrivit à sa famille, et la pria de parler de ce projet à M. l'abbé Chapelle, alors curé d'Aixe;

---

(1) M.-A. MURETI *Orationes, Epistolæ et Poemata*, *Lipsiæ*, 1772 : *Poemata*, p. 27.

(2) L'abbé ROUGERIE, *Notice sur le pèlerinage d'Arliquet*, 1858, p. 30.

et, dans le cas où l'excellent curé l'agréerait, il indiquait des papiers à prendre dans son bureau et la manière de s'en servir. L'abbé Chapelle n'hésita pas à accepter cette proposition si avantageuse pour sa paroisse. Le P. Rouard lui ayant demandé une pétition signée par Mgr l'Évêque et les principaux membres du clergé de Limoges, cette supplique reçut, à la retraite ecclésiastique de 1855, la signature de Mgr Buissas, de quelques vicaires généraux et chanoines et d'un grand nombre de prêtres du diocèse.

V. — Quand il eut reçu ces papiers, le P. Rouard fit des démarches auprès du cardinal dont nous avons parlé ; mais les démarches de Son Éminence n'aboutirent qu'à un échec complet. Le P. Rouard ne se découragea pas : il se présenta chez le général de Montréal, qui l'avait parfaitement accueilli à son premier voyage de Rome, et le pria d'user de son influence pour le succès de cette œuvre. Quoi qu'il n'eût pas entendu parler jusque-là de la chapelle d'Arliquet, M. de Montréal, cédant aux instances du P. Rouard, consentit à faire une démarche en faveur du petit sanctuaire. Il se rendit pour cela chez le cardinal Antonelli, préfet de la Congrégation de Lorette. Le cardinal secrétaire d'État trouva la demande exorbitante : « Mais cette chapelle, disait-il, n'est pas du tout célèbre ! » — « C'est vrai, Eminence, mais elle le deviendra. » Il eut beau insister, il ne put vaincre la résistance du cardinal.

VI. — Poussé par le P. Rouard, M. de Montréal revint à la charge quelques jours après. Le cardinal lui promit de faire ce qui serait possible. « Un troisième assaut lui livre la place, et, le 6 novembre 1855, il reçoit du cardinal la lettre d'agrégation, qu'il veut porter lui-même au P. Rouard : « Nous la tenons enfin, mais ce n'est pas sans peine. Il a » fallu l'emporter à la pointe de l'épée. On a beau être gé- » néral et sénateur, ils ne veulent prendre en considération » que l'importance des sanctuaires (1). »

---

(1) *Notre-Dame-d'Arliquet*, par VITOLD DE CHODZKO, Limoges, 1871, p. 68-72.

Grâce à cette faveur, les fidèles, en visitant la chapelle d'Arliquet, pouvaient gagner, à plusieurs jours de fête de l'année, un certain nombre d'indulgences plénières et partielles, absolument comme s'ils visitaient en personne la *Santa Casa*, la sainte maison de Lorette, où s'est accompli le grand mystère de l'Incarnation (1).

C'est par suite de ce privilége que M. l'abbé Chapelle eut l'idée de construire la nouvelle chapelle d'Arliquet, qui s'élève gracieuse sur les bords de l'Aurance, avec ses deux clochetons et ses murs aux couleurs voyantes, au milieu des prés et des bois, et qui attire aujourd'hui un si grand concours de fidèles et un grand nombre de pèlerins.

Au début de sa carrière de religieux, le P. Rouard déployait cette habileté dans les négociations dont il a donné plus tard tant de preuves, et qui faisait dire de lui à l'ancien évêque de Nîmes : « Je l'ai vu manœuvrer : c'est un fin diplomate (2) ».

VII. — Pendant son noviciat au couvent de Sainte-Sabine, le P. Rouard nous rendit quelques services qu'on nous pardonnera de mentionner.

Sur son invitation, le général de Montréal voulut bien présenter lui-même au Souverain-Pontife notre *Dissertation sur l'Apostolat de saint Martial*. Le P. Rouard nous écrivait, à cette occasion, le 10 mai 1855 : « Le général de Montréal veut bien se charger d'offrir votre livre au Saint-Père. S'il ne l'a pas fait plus tôt, c'est un peu à cause de la maladie qui l'a empêché de le voir tout de suite, et maintenant à cause de l'absence du Pape. Je présume qu'avant la fin du mois il pourra s'acquitter de cette commission. »

---

(1) L'abbé Rougerie, *Notice sur le pèlerinage d'Arliquet*, 1858, p. , 30, 3 .

(2) Paroles de Mgr Plantier à M. l'abbé de Bogenet et à M. l'abbé Tandeau de Marsac.

Cette présentation nous valut, de la part du Souverain-Pontife, une lettre, qui a été pour nous la plus haute approbation et la plus douce récompense de notre travail (1).

Le P. Rouard fit transcrire pour nous, à la Bibliothèque du Vatican, la légende de saint Martial, composée sous le nom d'Aurélien, second évêque de Limoges (2).

Sur sa demande, Mgr Mercurelli, l'avocat de la cause de saint Martial au tribunal de la Congrégation des Rites (aujourd'hui secrétaire du Pape pour les brefs aux princes), voulut bien analyser et résumer pour nous l'Histoire de l'Eglise de Sainte-Marie *in Via lata*, publiée par le savant Martinelli, à Rome, en 1655. Il est dit, dans cette histoire, que le saint Martial qui a fondé cette église, une des plus anciennes de Rome, et qui était un disciple de saint Pierre, *envoyé par lui dans les pays au-delà des monts*, est le même que saint Martial premier évêque de Limoges (3). Le P. Rouard nous écrivait en nous envoyant cette lettre : « Vous voudrez bien, pour frais de commission, réciter pour moi un *Ave Maria* dans la chapelle de l'Archiconfrérie, et me recommander à saint Léonard quand vous irez le voir. » — On ne saurait être plus aimable et plus pieux.

---

(1) Cette lettre est datée du 10 mai 1856 : nous l'avons publiée dans les *Documents inédits sur l'apostolat de saint Martial*, p. 9.

(2) Bibliothèque du Vatican, Collection de la reine de Suède, in-fol., n° 543, fol 123. Ce manuscrit renferme un exorde qui ne se trouve pas dans les éditions imprimées de cette légende. En 1877, la même légende de saint Martial a été publiée, à Londres, d'après d'anciens manuscrits du *British museum*, par M. Walter de Gray-Birch, directeur de ce musée. Dans sa préface, l'éditeur adopte nos conclusions sur l'apostolat de saint Martial.

(3) Lettre du 6 juillet 1855.

CHAPITRE QUATRIÈME.

Io fui degli agni della santa greggia
Che Dominico mena per cammino
U' ben s'impingua se non se vanneggia.
(DANTE, *Paradiso*, canto X, 94-96.)

I. — Le P. Rouard fit sa profession religieuse à Rome, au couvent de Sainte-Sabine, en janvier 1856, et il prit le nom de Pie-Marie, en l'honneur de la sainte Vierge et de Pie IX, le Pape de l'Immaculée-Conception. Pour nous servir des paroles du grand poète italien, il prit rang « parmi les agneaux du saint troupeau que Dominique mène dans le chemin où l'on prospère, si on ne s'égare pas (1) ». A peine enrôlé dans l'Ordre des Frères-Prêcheurs, il ne voulut pas laisser infructueux les talents qu'il avait reçus, et il travailla à la gloire de Dieu et au salut des âmes, par la doctrine, la prédication et les œuvres de zèle.

II. — Dans les premiers mois de l'année 1856, il publia à Paris, chez Poussielgue-Rusand, un ouvrage qu'il avait composé l'année précédente, pendant son noviciat, et qui a pour titre : *De la Falsification des substances sacramentelles* (2). Nous allons en donner une brève analyse.

Quelques années auparavant, l'abbé Rouard, alors directeur de la Maîtrise de la cathédrale, avait adressé à *l'Univers*, 31 octobre 1851, une lettre dans laquelle il signalait à ses confrères la fraude qui se pratiquait dans la confection de certaines hosties. En disant la messe dans

---

(1) DANTE, *Paradis*, chant X.

(2) *De la Falsification des substances sacramentelles*, par le R. P. Pie-Marie ROUARD DE CARD ; Paris, veuve Poussielgue-Rusand, 1856, in-8 de 92 pages.

une église de campagne, quelques semaines auparavant, il avait conçu des doutes sur l'hostie qui lui était présentée ; et, après l'avoir soumise à l'analyse chimique, il en avait reconnu la complète altération. Dans cette lettre, il indiquait en même temps à quels caractères physiques on peut reconnaître cette fraude, et distinguer facilement le *pain à chanter*, préparé avec de la farine pure, de celui qui a été préparé avec de la fécule. L'abbé Rouard avait fait, à Limoges, des expériences sur ce sujet avec M. Auguste DuBoys, aussi habile chimiste que savant archéologue.

III. — Cinq ans plus tard, quand il fut entré dans l'Ordre de Saint-Dominique, le P. Rouard publia l'ouvrage intitulé : *De la Falsification des substances sacramentelles*.

Dans ce livre, il examine non-seulement les falsifications qui peuvent altérer le *pain à chanter*, mais encore celles qui peuvent altérer la pureté du vin destiné au Saint-Sacrifice de la messe, et même la falsification de l'huile considérée comme matière sacramentelle, et enfin la falsification de la cire dont on se sert dans les cérémonies religieuses.

Ce livre s'ouvre par une savante introduction, dans laquelle le P. Rouard parle de la vie surnaturelle et des sacrements, du sacrifice de la messe, comme source de la grâce ; il examine pourquoi le Christ a voulu que la grâce fût communiquée aux hommes par le moyen de certaines substances sensibles ; — et enfin il parle de la pureté rigoureusement exigée pour l'emploi légitime de ces substances. Cette introduction, pleine de doctrine, écrite avec méthode et clarté, révèle, dans sa concision, un véritable disciple de saint Thomas.

Puis, abordant la question pratique, le P. Rouard, dans les quatre grands chapitres qui forment le corps de son ouvrage, examine successivement les diverses falsifications qui peuvent altérer la pureté soit du pain eucharistique, — soit du vin employé pour la messe, — soit de l'huile qui sert de matière à quelques sacrements, — soit de la cire qui est en usage dans les cérémonies du culte ; et il indique les nombreux procédés chimiques au moyen desquels on peut découvrir ces diverses falsifications. Il emprunte ces procédés aux maîtres de la science, aux chimistes modernes, ou encore il indique les procédés dont il s'est servi lui-même, en compagnie de M. Auguste DuBoys.

On voit dans cet ouvrage que le P. Rouard avait fait une étude spéciale de la chimie ; il s'explique avec une grande clarté, de manière à mettre les procédés qu'il indique à la portée de tous.

Ces divers chapitres renferment toujours quelques aperçus théologiques et historiques sur les substances qui servent de matière aux sacrements, ou qui sont employées dans le culte catholique.

Un appendice indique les falsifications qui peuvent altérer quelques autres substances dont on se sert dans les cérémonies religieuses, telles que le sel, les étoffes qu'on emploie dans les ornements ecclésiastiques, et les matières d'or et d'argent qui entrent dans la confection des vases sacrés.

IV. — Cette même année 1856, le P. Rouard vint en France prêcher le Carême à Avignon.

Ses débuts dans la prédication furent heureux, et produisirent des fruits abondants. Il y avait dans ses discours, comme dans ses écrits, de la doctrine, de la méthode, de la clarté ; ajoutons qu'il y avait toutefois plus de lumière que de chaleur. Mais, si le P. Rouard n'avait pas, comme le P. Lacordaire, cette faculté électrique qui saisit les auditoires, les enlève et leur donne le frisson ; — s'il manquait de cette faculté magnétique qui caractérise la haute éloquence, — il y suppléait par cette abondance doctrinale qui éclaire et convainc les esprits, et par cette onction du Saint-Esprit dont parle saint Jean (1), par cette onction de la piété qui répand la grâce, et qui pénètre et convertit les cœurs.

---

(1) *Epist.* I, cap. II. 20.

Après avoir prêché le Carême à Avignon, il fit une tournée dans la Haute-Loire, pour remplir une mission que lui avait confiée le Révérendissime Père général.

Plus tard nous le verrons annoncer la parole de Dieu dans plusieurs villes de France : il sera appelé à prêcher le Carême dans les cathédrales de Grenoble, du Mans, de Nîmes, dans les églises de Saint-Michel de Limoges, de Saint-Amand de Rodez, de Nice, de Calais, d'Oloron ; il fera entendre sa voix non-seulement dans les églises de Belgique, mais encore dans les principales capitales de l'Europe : à Londres, dans la chapelle française ; à Rome, dans la chapelle de Saint-Louis-des-Français, et enfin dans l'église des Dominicains, à Vienne en Autriche. C'est ainsi qu'il répondra parfaitement à sa vocation de Frère-Prêcheur.

CHAPITRE CINQUIÈME.

> Attingit... ad finem *fortiter*,
> et disponit omnia *suaviter*.
>
> (SAPIENT., VIII, 1.)

I. — Le P. Rouard, à son retour de France, avait été nommé sous-maître des novices au couvent de Sainte-Sabine. Il devait rester à Rome pour y continuer les œuvres et le ministère du R. P. Besson, qui venait de recevoir une autre destination, et avait été envoyé à Mossoul (Mésopotamie). Le Révérendissime Père Jandel, de pieuse et chère mémoire, eut besoin d'un homme de confiance pour la fondation du couvent de Louvain, qui était vivement désiré par l'Université catholique, et qui devait être érigé en couvent d'études de l'Ordre ; il jeta les yeux sur le P. Rouard. Ce choix, d'ailleurs, lui était demandé comme condition expresse de la fondation du couvent.

II. — Le P. Rouard arriva en Belgique au mois d'octobre 1856, et, le jour de la fête du Rosaire, dimanche

5 octobre, il inaugurait à Louvain le couvent de Saint-Dominique, dont il fut institué premier prieur. « Il fut d'abord installé dans une vieille brasserie, qui dut subir de singulières transformations pour être appropriée à sa destination nouvelle. Les greniers furent changés en cellules; les écuries, en réfectoire, etc. La pauvreté était grande, et parfois la Providence faisait attendre son assistance et son secours. Le P. Rouard était admirable de calme. Sa confiance était inébranlable et toujours récompensée. Il était plein d'entrain, toujours joyeux, sachant communiquer à ses religieux ses sentiments de joie et de confiance. » Le R. P. Lacôte, qui nous transmet ces détails, ajoute : « Je l'avais visité dans cette brasserie en 1857 : je l'y retrouvai en 1859, lorsque je me rendis en Belgique pour y faire mon noviciat. En 1860, le couvent fut transporté par lui dans un local plus convenable. »

Le P. Rouard, qui unissait à une grande énergie de volonté une grande affabilité de manières, n'eut pas de peine à gagner l'affection non-seulement des religieux de sa maison, mais encore de la population de Louvain : une émeute ayant éclaté dans cette ville, les habitants de son quartier se réunirent pour garder le couvent.

. Peu de temps après son élévation au priorat de Louvain, le P. Rouard fut nommé commissaire général de tous les couvents de la province belge, pouvoirs qui lui furent continués jusqu'en 1861.

III. — Les soins multiples qu'il fallait donner à une maison naissante ne pouvaient absorber l'activité et le zèle du P. Rouard. Sa vocation de Frère-Prêcheur le portait à communiquer aux âmes les trésors spirituels qu'il avait recueillis dans l'étude et la méditation. En 1857, il prêcha le Carême dans la cathédrale de Grenoble, dans cette chaire qu'a illustrée saint François de Sales, et, comme lui, il sut gagner les cœurs par la douceur de sa parole et l'onction de sa piété. Sa prédication eut un tel succès et produisit de tels résultats, qu'il fut appelé à y prêcher un second Carême en 1861.

IV. — Le séjour de la Belgique, où le P. Rouard trouvait tant de sympathies, ne lui faisait pas perdre le souvenir de son cher Limousin ; il n'oubliait ni la paroisse d'Aixe et la maison de Tarn où demeurait sa famille, ni l'humble chapelle d'Arliquet, à laquelle il avait obtenu l'honneur d'être agrégée au sanctuaire le plus vénérable du monde.

En 1857, il fit venir à ses frais, pour Notre-Dame-d'Arliquet, une caisse de terre de Lorette. Dans une première réparation faite à la petite chapelle, cette terre fut répandue sous les dalles (1), afin de favoriser la piété des fidèles, en rendant cet humble sanctuaire semblable pour ainsi dire à la maison de la Vierge où s'accomplit le mystère de notre salut.

L'année suivante (1858), l'abbé Chapelle, curé d'Aixe, fit les préparatifs d'une grande fête pour célébrer l'insigne faveur de l'agrégation. On fixa cette fête au mardi de Pâques, jour où Mgr l'Évêque de Limoges devait donner la confirmation à la paroisse d'Aixe. Il fut décidé que, à la tombée de la nuit, on porterait en procession la statue de Notre-Dame-d'Arliquet à l'église paroissiale d'Aixe, et que, le lendemain, on la reporterait à la chapelle d'Arliquet, où serait célébrée une messe solennelle. Mgr Desprez, qui avait donné le mardi matin la confirmation à la paroisse, et qui devait, le soir, présider la cérémonie, fut obligé, par suite d'une indisposition, de partir le jour même pour Limoges. Les fidèles étaient affligés de ce contre-temps, quand ils virent arriver le P. Rouard, l'humble religieux qui avait procuré à la chapelle d'Arliquet la grande faveur qu'on allait célébrer (2). Il avait répondu à l'invitation de M. l'abbé Chapelle, et venait dédommager les fidèles de l'absence de Monseigneur.

Rien ne manqua à cette fête, ni le nombreux cortége

---

(1) VITOLD DE CHODZKO, *Notre-Dame-d'Arliquet*, p. 79.
(2) Id., *ibid.*, p. 79-88.

où figuraient les paroisses voisines, ni les arcs de triomphe, ni les magnifiques illuminations, ni l'éloquence de M. l'abbé Delor, curé de Saint-Pierre, à Limoges, ni les cantiques composés pour la circonstance par M. l'abbé Dorat. Le P. Rouard était là, tout heureux des résultats de son œuvre : car le triomphe de Marie était bien en partie l'œuvre de sa piété.

Le lendemain, après avoir chanté la messe sur l'autel dressé dans la prairie, le P. Rouard raconta aux nombreux fidèles l'histoire de l'agrégation ; et la foule, émue et reconnaissante, bénit le pieux Dominicain qui avait fait de ce modeste sanctuaire une source si abondante de grâces.

Dans le cours de l'année suivante, au mois de septembre 1859, le P. Rouard porta lui-même de Rome le reliquaire qui se trouve à Arliquet, et qui renferme trois cent soixante-cinq reliques, précieuses parcelles ayant appartenu à des saints ou à des bienheureux dont l'Église célèbre la fête à chacun des jours de l'année ; de sorte que la chapelle d'Arliquet pouvait bien s'appeler comme autrefois *Notre-Dame-des-Reliques*.

V. — En 1860, le P. Rouard prêcha le Carême dans l'église de Saint-Michel, à Limoges. La station ne commença que le quatrième dimanche. Il l'inaugura par un sermon sur l'Eucharistie et sur la communion pascale. Son texte était tiré de l'Évangile du jour : *Erat autem proximum pascha, dies festus Judæorum*. On a gardé le souvenir d'un autre sermon qui avait pour sujet la *miséricorde divine*. Il continua ses prédications malgré une fatigue excessive, qui l'obligea, le jour de Pâques, à prendre une voiture pour se rendre à l'église de Saint-Michel. C'était une bien éloquente exhortation que ce zèle apostolique par suite duquel, à l'exemple de saint Paul, il usait ses forces, et *se dépensait lui-même pour le salut des âmes* (1). Il

(1) « *Impendam, et superimpendar ipse pro animabus vestris.* » (II. Corinth., XII, 15.)

savait que, selon la comparaison dont se sert Notre-Seigneur, — du grain de froment jeté dans le sillon (1), — on ne porte de fruit qu'à la condition de mourir à soi-même par la mortification et les pénibles labeurs. Voilà pourquoi la semence évangélique, fécondée par les sueurs et les souffrances de l'Apôtre, produisit des fruits de salut et de conversion.

VI. — Revenons à la Belgique. Au mois de septembre 1860, sur les instances de Mgr de Montpellier, évêque de Liége, le P. Rouard fonda le couvent de Notre-Dame-de-la-Sarte, près de la ville d'Huy. Il accepta pour son Ordre la cure de la Sarte, qu'il confia à un Père Dominicain, le P. Moulaert. Le sanctuaire de Notre-Dame-de-la-Sarte est un lieu de pèlerinage célèbre en Belgique, et les religieux du couvent devaient mettre leur zèle à la disposition des nombreux pèlerins qui viennent y invoquer la Mère de Dieu.

Dans la fondation de cette maison nouvelle, le P. Rouard déploya, au milieu de difficultés sans nombre, ses grandes qualités administratives et une rare habileté.

Il faut dire que l'installation du couvent n'eut pas lieu sans opposition. Quelques habitants de la localité, qui voyaient cet établissement de mauvais œil, formèrent le projet d'expulser les Pères par la violence. En entrant dans la maison, ils trouvèrent trois Pères Dominicains à table, n'ayant pour toute nourriture que quelques pommes de terres bouillies, et pour toute boisson, de l'eau claire. Ce spectacle désarma les émeutiers. Quand ils se virent reçus avec courtoisie, la fureur dont ils étaient animés se changea en admiration, et dès lors ils n'eurent pour les Pères Dominicains que de l'estime et de la bienveillance.

Ce couvent de la Sarte fut le lieu de résidence du P. Rouard jusqu'à son départ de la Belgique. C'est là qu'il

---

(1) « Nisi granum frumenti, cadens in terram, mortuum fuerit, — ipsum solum manet ; si autem mortuum fuerit, multum fructum affert. » (*Joan.*, XII, 23,24).

reçut, en 1861, la visite de Mgr Plantier, l'illustre évêque de Nîmes, et celle de Mgr Gonella, archevêque de Néocésarée, nonce en Belgique ; c'est là que, l'année suivante (1862), il reçut le Révérendissime Père Alexandre-Vincent Jandel, maître général de l'Ordre des Frères-Prêcheurs, et Mgr de Ram, protonotaire apostolique, recteur de l'Université de Louvain (1).

VII. — A peine installé dans le nouveau couvent, le P. Rouard dut présider aux cérémonies d'une fête magnifique. Le 14 octobre, il célébra à la Sarte le Jubilé deux fois séculaire de l'érection, en 1660, de la confrérie de Notre-Dame-de-Compassion ou des Sept-Douleurs.

Comme, chaque année, l'octave du Saint-Rosaire, qui commence le premier dimanche d'octobre, est fêtée solennellement à la collégiale de Huy, M. le doyen Delruelle eut l'heureuse pensée d'unir les exercices de l'église primaire à ceux du Jubilé de la Sarte, de manière que les premiers pussent servir de préparation aux seconds. Donc, tous les jours, depuis le 7 jusqu'au 14, il y eut sermon à la collégiale par le R. P. Rouard : à ces prédications succédèrent, le 15, dans l'église de la Sarte, celles du R. P. de Smet, qui durèrent huit jours.

Mgr de Montpellier, évêque de Liége, voulant témoigner sa vénération pour l'auguste Protectrice de Huy, et seconder le zèle des habitants, vint en personne ouvrir le Jubilé.

Le dimanche 14 octobre, Sa Grandeur, après avoir célébré pontificalement le Saint-Sacrifice de la messe, à la collégiale, et assisté, en ville, à la procession dans laquelle on porte l'image miraculeuse — qu'on avait été chercher, la veille, à la Sarte, au milieu d'un immense concours de peuple, — voulut encore, le soir, malgré les fatigues de la journée, accompagner la procession qui devait reconduire

---

(1) *Histoire de Notre-Dame-de-la-Sarte-lez-Huy* : Liége, 1864, p. 132.

solennellement la Vierge à son sanctuaire. Arrivé à la Sarte, le zélé prélat, touché de la piété et de la vénération des habitants pour la Reine des cieux, ne put s'empêcher d'adresser à la foule quelques paroles émues qui firent une vive impression sur tout l'auditoire.

Comme au Jubilé de 1760, les paroisses voisines, parmi lesquelles nous remarquons une paroisse de Saint-Léonard, se rendirent successivement en pèlerinage au pieux sanctuaire, sous la direction de leurs curés respectifs, tous les jours de la neuvaine, au nombre de trois ou quatre paroisses chaque jour (1). Une messe solennelle était célébrée, et la parole divine était distribuée aux fidèles.

Durant ces solennités, où le P. Rouard déploya tout son zèle, les pèlerins qui ne cessèrent d'affluer au sanctuaire de la Sarte, purent apprécier les éminentes qualités du religieux qui venait de fonder le nouveau couvent.

CHAPITRE SIXIÈME.

Qui benè præsunt presbyteri, duplici honore digni habeantur ; maxime qui laborant in verbo et doctrina.

(I, *Timoth.*, V, 17.)

I. — Au mois de mai 1861, le P. Rouard fut nommé « prieur de la province de Sainte-Rose », c'est-à-dire provincial de la Belgique. A l'expiration des quatre ans prescrits par les constitutions de l'ordre pour la durée du provincialat, à savoir au mois de mai 1865, il devait être nommé une seconde fois provincial de la Belgique pour quatre autres années, c'est-à-dire jusqu'au mois de mai 1869. Mais n'anticipons pas sur les événements.

II. — Il se rendit à Rome, en 1862, pour assister à la cano-

---

(1) *Histoire de Notre-Dame-de-la-Sarte-lez-Huy*, par le P. Halflants : Liége, 1864, p. 134-137.

nisation des martyrs du Japon, solennité qui attira dans la Ville éternelle un si grand nombre d'évêques et de prêtres catholiques. La cérémonie eut lieu le 15 juin, dimanche de la Trinité. Quelques jours auparavant, un illustre compatriote du P. Rouard, Mgr Berteaud, évêque de Tulle, qui avait pour lui la plus grande affection, avait prononcé, dans l'église de Saint-Louis-des-Français, et ensuite au Colysée, deux magnifiques discours sur la papauté et la nécessité du pouvoir temporel, discours que l'auditoire interrompit une fois par ses applaudissements, et dont les échos, bien qu'affaiblis, portés par deux journaux catholiques, *le Monde* et la *Correspondance de Rome*, jusqu'aux confins de l'Eglise, firent battre bien des cœurs et excitèrent partout des sentiments d'admiration (1).

III. — Rentré en Belgique, le P. Rouard ajoutait au ministère de la prédication des œuvres de zèle et de piété. En 1863, il obtint de Mgr de Montpellier, évêque de Liége, l'établissement, à la Sarte, de l'Adoration perpétuelle du Saint-Sacrement et la fondation de l'œuvre des Églises pauvres. Pour augmenter et récompenser la dévotion des fidèles, le Saint-Sacrement devait être exposé toute la journée, le premier vendredi du mois, jour dédié au Sacré-Cœur. Quant à l'œuvre des Églises pauvres, cette association fut établie à Huy, sous le patronage de Notre-Dame de la Sarte : un conseil, composé des personnes les plus honorables et les plus pieuses de la ville, fut chargé de la direction de cette œuvre, qui contribue à donner aux églises pauvres de la contrée des ornements et des linges sacrés dignes de la maison de Dieu (2).

IV. — Le P. Rouard avait fait une première fois le voyage de Londres avec le Révérendissime Père Jandel, quand le maître général des Frères prêcheurs se rendit en Angle-

(1) *Le Monde*, 12 et 13 juin 1862.
(2) *Histoire de Notre-Dame-de-la-Sarte*, p. 137.

terre pour y installer un couvent de son ordre. Le costume dominicain, que, par suite d'un contre-temps, les deux Pères avaient été forcés de montrer en public, leur avait valu des insultes et des huées. En 1864, le P. Rouard retourna à Londres pour y prêcher le Carême dans la chapelle française de King-street. Tous les vendredis, et pendant trois jours de la semaine sainte, il allait dire la messe et prêcher à la chapelle royale de la famille d'Orléans, et il passait avec les princes exilés la journée tout entière. Un jour, il eut la hardiesse, en chaire, de démontrer la nécessité du pouvoir temporel du Souverain-Pontife, devant un auditoire assez mal disposé à accueillir cet enseignement. En sortant de la chapelle, la reine Marie-Amélie dit au prédicateur : « Mon Père, il m'a semblé entendre, pendant votre sermon, quelque bruit et quelques murmures ; mais vous avez très-bien fait d'aborder ce sujet, et vous avez très-bien parlé ». Il faut ajouter que, pendant le dîner, les hôtes de la maison royale firent écho à la parole approbative de la reine.

Nous avions oublié la date de ce Carême prêché à Londres, mais nous nous souvenions très-positivement d'avoir lu, dans *le Monde*, une correspondance anglaise qui parlait de cette prédication. En feuilletant la volumineuse collection de ce journal, nous avons retrouvé cette correspondance.

M. George J. Wigley écrivait de Londres, à la date du 11 mars 1864 : « La petite école catholique française, dans Greek-street-Soho, se soutient. Le dimanche 5 mars, une quête a été faite à la chapelle française de King-street, Portman square, après le sermon du R. P. de Card, provincial de Pères Dominicains de Belgique, qui y prêche la station de Carême (1) ».

Un mois après, le même correspondant écrivait, à la date du 5 avril : « J'ai déjà eu l'occasion de nommer le prédicateur de la station de Carême à la chapelle française

---

(1) *Le Monde*, 18 mars 1864.

à Londres. Le R. P. Rouard de Card, provincial des Dominicains de Belgique, est français, ancien élève de Saint-Sulpice, et il s'était fait connaître par le succès de ses prédications dans la province de France, quand le général, le Révérendissime P. Jandel, jugea bon de l'envoyer en Belgique, comme il avait envoyé le P. Gonin en Angleterre pour le même objet : le rétablissement de l'ordre des Frères-Prêcheurs.

Mgr Gonin, aujourd'hui archevêque de Port-d'Espagne (Trinitad), a prêché deux stations de Carême à la même chapelle, et il a laissé après lui une réputation de sainteté et d'éloquence qui n'est pas près de s'effacer. Je dois dire que l'auditoire nombreux et assidu qui a suivi les sermons du T.-R. P. Rouard de Card a été unanime pour le proclamer le digne frère de son illustre prédécesseur. Autant par la douceur que par la puissance de sa parole évangélique, il a amené bien des âmes à Jésus-Christ et affermi celles qui étaient déjà heureuses à son service. Le sermon du dimanche de Pâques, aux vêpres, où l'orateur a demandé à son auditoire ému *si tous étaient ressuscités*, a fait verser bien des larmes de repentir, d'espérance et de bonheur. La bénédiction papale, donnée par une délégation spéciale du Souverain-Pontife, et avec la permission de Son Em. le cardinal-archevêque de Westminster, est venue couronner dignement cette station de Carême, qui ne l'a cédé en rien à toutes celles qui l'ont précédée, et qui ont laissé de si doux souvenirs dans le cœur de la colonie française reconnaissante (1).

V. — Au mois de juillet 1864, le P. Rouard publia un ouvrage sous ce titre : « *L'Ordre des Frères-Prêcheurs et l'Immaculée-Conception de la sainte Vierge, — Lettre adressée à Mgr Malou, évêque de Bruges*, Louvain et Paris, 1864, in-8 de 112 pages. » — Pour expliquer la publication de cet ouvrage, il faut reprendre les choses d'un peu plus haut.

---

(1) George J. Wigley, *le Monde*, 9 avril 1864.

Au mois de mars 1857, Mgr Malou avait publié, sur l'Immaculée-Conception de la très-sainte Vierge, un ouvrage (1) dans lequel il avait écrit jusqu'à *dix-neuf fois*, que *l'Ordre des Frères-Prêcheurs avait été opposé au privilége de Marie, en corps et d'une manière constante* (2).

Le P. Rouard, qui représentait, en Belgique, l'Ordre des Dominicains, se crut obligé, par sa position, de soutenir l'honneur de son Ordre.

Le 8 juillet de cette même année (1857), il alla, au nom du Révérendissime P. Jandel, maître général des Frères-Prêcheurs, présenter des observations à Mgr l'Évêque de Bruges, qui voulut bien les accueillir, et lui promit d'y faire droit dans une prochaine édition de son ouvrage.

Quatre ans après, comme le R. P. Spada, procureur général des Frères-Prêcheurs, était sur le point de publier à Rome un travail dans lequel il réfute plusieurs assertions du livre de Mgr Malou relativement à la doctrine de saint Thomas sur l'Immaculée-Conception, — le P. Rouard, qui voulait empêcher cette controverse, écrivit à Mgr l'Évêque de Bruges pour lui demander s'il espérait publier bientôt la seconde édition de son ouvrage.

Mgr Malou, après avoir dit, dans une lettre écrite le 20 juillet 1861, qu'il désirait que les supérieurs de l'Ordre prévinssent cette discussion, en empêchant la publication du livre annoncé, déclarait quelques jours après que, « quand bien même il ferait une seconde édition de son livre, il ne changerait pas un mot de ce qu'il avait écrit (3) ».

Dès lors les PP. Dominicains ne se crurent plus obligés au silence. Le P. Spada fit paraître à Rome, au mois de

---

(1) *L'Immaculée-Conception de la bienheureuse Vierge Marie considérée comme dogme de foi*, 2 vol. in-12, Bruxelles : Goémare, 1857.

(2) T. II, ch. XIII, art. V. p. 474.

(3) P. Rouard, préface, p. VII.

juillet 1862, une réponse aux assertions de Mgr Malou relativement à la doctrine de saint Thomas (1), et le P. Rouard reçut la mission de publier son ouvrage intitulé : *L'Ordre des Frères-Prêcheurs et l'Immaculée-Conception de la sainte Vierge.*

Cet ouvrage allait paraître au mois de janvier 1863, lorsque, — à cause de l'état de maladie grave où se trouvait Mgr Malou, — Mgr Ledochowski, nonce apostolique à Bruxelles, et le Révérendissime P. Jandel, maître général des Frères-Prêcheurs, prièrent le P. Rouard de suspendre cette publication. Ce livre ne fut publié qu'en 1864, après la mort de Mgr Malou. En voici une courte analyse :

VI. — L'ouvrage est divisé en deux parties. Dans la première, l'auteur entreprend de démontrer « que les faits allégués par Mgr l'Évêque de Bruges ne sont pas suffisants pour l'autoriser à soutenir que l'*Ordre des Frères-Prêcheurs a été opposé à l'Immaculée-Conception en corps et d'une manière constante* ». Et il réfute, l'un après l'autre, tous les arguments que Mgr Malou prétend tirer de certaines controverses des siècles passés ou de la doctrine de certains théologiens de l'Ordre de Saint-Dominique, tels que Jean de Monteson, saint Antonin de Florence, Vincent Bandelli, général des Dominicains, les cardinaux de Turrecremata et Cajétan, le maître du sacré palais Barthélemy Spina, etc.

Dans la seconde partie, le P. Rouard développe cet argument : « Les faits les plus décisifs établissent que jamais l'Ordre des Frères-Prêcheurs n'a été opposé à l'Immaculée-Conception de la sainte Vierge » (p. 51).

Parmi les faits qu'il allègue, nous remarquons les suivants :

---

(1) *Animadversiones quas proposuit P. Fr. Marianus Spada in opus Illustrissimi et Reverendissimi D. J.-B. Malou.* — Romæ, Salviucci, 1862. — Cet ouvrage a été traduit en français par le R. P. Picard, *Saint Thomas et l'Immaculée-Conception.* Paris, Poussielgue-Rusand, 1862.

« — Le grand nombre et l'autorité de théologiens dominicains qui ont défendu l'Immaculée-Conception ;

» — Le serment de défendre l'Immaculée-Conception imposé par les universités et souscrit par les Frères-Prêcheurs ;

» — Les nombreuses institutions, associations, œuvres de piété en l'honneur de l'Immaculée-Conception érigées par les Frères-Prêcheurs ;

» — Les témoignages positifs rendus à l'Immaculée-Conception par l'Ordre des Frères-Prêcheurs dans les actes de ses chapitres et de ses maîtres généraux ;

» — La croyance des Frères-Prêcheurs démontrée par leur liturgie. »

La réfutation du livre de l'Évêque de Bruges est claire, savante, et nous paraît solide : or ce n'est pas un petit mérite d'avoir réfuté de la sorte un écrivain érudit tel que Mgr Malou.

VII. — En 1865, le P. Rouard prêcha le Carême à Rome, dans l'église de Saint-Louis-des-Français. Voici en quels termes la *Semaine religieuse* de Limoges, dans son numéro du 12 mars, annonçait cette nouvelle :

« Il y a quelques jours, le R. P. Rouard de Card, provincial de l'Ordre des Frères-Prêcheurs en Belgique, s'arrêtait à Limoges, au sein de sa respectable famille.

» Notre digne compatriote se rendait à Rome, où il était appelé à prêcher la station du Carême dans l'église de Saint-Louis-des-Français.

» Heureux de profiter d'une occasion aussi favorable, Mgr l'Évêque a chargé le R. P. Provincial de déposer aux pieds de Sa Sainteté une nouvelle offrande de *onze mille francs*, faite par le diocèse de Limoges, soit comme produit du Denier de Saint-Pierre, soit à titre d'étrennes pour le père bien-aimé de la grande famille catholique (1). »

Le P. Rouard eut l'honneur d'avoir une audience de

---

(1) *Semaine religieuse de Limoges*, 1865, p. 130-131.

Pie IX, et de lui remettre, avec ses hommages personnels, les vœux et les offrandes du diocèse de Limoges. Il nous écrivait de Rome, le 31 mars 1865 : « Vous apprendrez avec plaisir que la santé du Saint-Père est toujours excellente. J'ai eu le bonheur d'être reçu par lui en audience particulière, et je l'ai trouvé plein de sérénité et de confiance dans l'avenir. Je recommande ma station à vos prières. »

Pendant la Semaine-Sainte, le 11 avril, le P. Rouard prêcha au Colysée, en y faisant, au milieu d'une foule immense, les exercices du Chemin de la Croix. Voici en quels termes le correspondant du journal *le Monde* parlait de cette cérémonie :

« Le mardi saint, le R. P. Rouard, dominicain et prédicateur de la station quadragésimale à Saint-Louis, a attiré plus de 5,000 soldats et une grande partie de la colonie française et de la société romaine au Colysée pour y faire le Chemin de la Croix. Mgr Bastide, aumônier de l'armée, dont le dévouement et le zèle sont si connus, avait organisé cette pieuse cérémonie et y avait convié Mgr Amanthon et divers membres du clergé romain (1). »

Un autre journal, la *Correspondance de Rome*, écrivait, à la date du samedi 15 avril :

« Le T.-R. P. Rouard, provincial des Dominicains en Belgique et notre compatriote, a prêché la station de Carême à Saint-Louis-des-Français, au grand profit des âmes. Son sermon d'hier soir sur la Passion avait attiré un auditoire nombreux et recueilli, et nous devons dire que les commentaires du révérend orateur, à l'endroit des sept paroles de Notre-Seigneur crucifié, ont offert à la piété un aliment très-substantiel et d'un effet durable.

» Le R. P. Rouard avait prêché, mardi dernier, au Colysée, les exercices du Chemin de la Croix, auquel

(1) *Le Monde*, 20 avril 1865.

avaient assisté, avec l'élite de la colonie française, plus de cinq mille soldats. »

Le P. Rouard aimait beaucoup nos soldats : avec un autre Père Dominicain, aujourd'hui dignitaire de l'Ordre, il prêcha une retraite, à cette époque, à la garnison française de Civitâ-Vecchia, enchanté du résultat, mais se plaignant du peu de temps que nos soldats pouvaient donner à ces pieux exercices.

Pendant son séjour à Rome, en 1865, le P. Rouard voulut bien se charger de faire pour nous des recherches à la Bibliothèque Casanata, du couvent dominicain de la Minerve. Il s'agissait d'un *Traité contre les Ariens,* que cite Mamachi dans ses *Origines chrétiennes,* et qui renferme un témoignage important en faveur des églises d'Arles, de Narbonne, de Toulouse, fondées par des disciples des Apôtres. Le P. Rouard ne put trouver ce manuscrit, qui n'est pas indiqué sous ce titre dans le catalogue de la Bibliothèque : nous avons été assez heureux pour le découvrir dans le voyage que nous avons fait à Rome en 1867, et nous l'avons transcrit en partie. Aujourd'hui nous en possédons une copie intégrale : nous espérons le publier un jour.

CHAPITRE SEPTIÈME.

Qui ad justitiam erudiunt multos, [fulgebunt] quasi stellæ in perpetuas æternitates.

(DANIEL, XII, 3.)

I. — Au mois de mai 1865, après l'expiration des quatre années de son provincialat, le P. Rouard fut nommé de nouveau, pour quatre autres années, provincial de la Belgique. Il eut à surmonter bien des difficultés dans l'exercice de ces importantes et délicates fonctions ; il serait difficile de dire tout ce qu'il lui fallut déployer de fermeté, de douceur et d'habileté pour en triompher. Grâce à ses qualités éminentes, le P. Rouard réussit à mériter l'estime et à s'attirer l'affection de tous. Notons en particulier que l'épiscopat belge et le corps professoral de Louvain avaient en lui la plus grande confiance.

Pendant son séjour dans cette contrée, il unissait à son titre de provincial de Belgique celui de vicaire général de la province de Hollande, où son administration a produit le plus grand bien. Il conserva ce dernier titre même après avoir quitté la Belgique; et ce n'est que peu de temps avant sa mort qu'il fut, sur sa demande, déchargé de ces fonctions.

II. — En 1866, des prêtres polonais, chassés de leur patrie par la persécution, s'étaient réfugiés en Belgique. Il y avait parmi eux quelques religieux : un dominicain, un franciscain, un trinitaire. Dépourvus de ressources, éloignés qu'ils étaient de leur pays, ils se trouvaient dans une grande détresse. « *L'exilé partout est seul* », a dit quelqu'un : cette parole n'est pas vraie dans les contrées où fleurit la charité catholique. D'Anvers, où ils résidaient, ces prêtres polonais, qui avaient entendu parler du P. Rouard, s'adressèrent à lui, et ce ne fut pas en vain. On vit, en cette circonstance, se réaliser cette parole de saint Paul : « Nous sommes pauvres, et nous en enrichissons un grand nombre; nous n'avons rien, et nous possédons toutes choses (1) ». Ces prêtres polonais voulurent laisser au P. Rouard un souvenir de reconnaissance. Un album, que nous avons sous les yeux, porte d'un côté leurs photographies artistement groupées, et de l'autre côté leurs signatures, avec cette date : 10 décembre 1866; témoignage de gratitude aussi honorable pour ceux qui le donnèrent que pour celui qui en était l'objet!

III. — En 1867, au mois de juin, le P. Rouard se rendit à Rome, pour y célébrer, avec Pie IX et l'Église, le dix-

---

(1) « Sicut egentes, multos autem locupletantes; tanquam nihil habentes, et omnia possidentes. » (II *Corinth.*, VI, 10.)

huitième centenaire du martyre triomphal des Apôtres saint Pierre et saint Paul. Un très-grand nombre d'Évêques, de prêtres et de fidèles s'y étaient donné rendez-vous de toutes les parties du monde chrétien. Nous y étions avec trente prêtres du diocèse de Limoges. Le 8 juillet, en venant de visiter le couvent de Saint-Bonaventure et d'y vénérer les reliques de saint Léonard de Port-Maurice, nous nous rendions en voiture au Vatican, lorsque nous rencontrâmes, dans une route solitaire, le P. Rouard et le P. Lacôte, son compagnon de voyage, qui cheminaient ensemble sous les rayons ardents du soleil. Nous les priâmes de monter auprès de nous, et nous eûmes le bonheur de nous entretenir avec eux des évènements de Rome, de Pie IX, du diocèse de Limoges, de saint Martial, etc. Aimable surprise que nous ménageait la Providence! c'était le prélude d'une rencontre encore plus heureuse qui nous était réservée pour le lendemain. En nous promenant sous les ombrages du Mont-Pincio, nous eûmes l'heureuse fortune d'y trouver Pie IX, qui n'était accompagné que de deux prélats, et qui nous permit de lui baiser la main. Nous pûmes l'accompagner dans sa promenade à pied, depuis le Pincio et la Trinité-des-Monts, jusqu'au milieu du Corso, au centre de Rome, en joignant nos *vivat* aux acclamations enthousiastes des pèlerins qui s'étaient groupés autour de lui.

Huit jours après, le 15 juillet, en visitant, à Florence, la belle église de *Santa-Maria-Novella* et le couvent des Dominicains, nous rencontrâmes encore le P. Rouard, et nous admirâmes avec lui les peintures murales de Fra Angelico da Fiesole et les portraits des hommes célèbres de l'ordre des Frères-Prêcheurs.

Le lendemain, 16 juillet, à Bologne, nous le rencontrâmes de nouveau dans le couvent de Saint-Dominique; et, après que nous eûmes prié ensemble devant le magnifique tombeau du fondateur de son ordre, il nous montra, dans l'intérieur du couvent, les portraits de saint Dominique et de saint Thomas d'Aquin, tracés par des peintres du XIIIe siècle. Nous avons retrouvé ces détails dans les notes de notre voyage, et nous sommes heureux de les consigner ici.

V. — Cette même année 1867, le P. Rouard nous envoya, à Rochechouart, son ouvrage intitulé « *Jérôme Savonarole et la statue de Luther à Worms* ». Il nous écrivait de Huy (Belgique), à la date du 29 novembre : « Je vous adresse, par le même courrier, la brochure que je viens de publier pour défendre la mémoire de Jérôme Savonarole contre les protestants d'Allemagne. J'en envoie un exemplaire à M. Jules Tenant : veuillez, je vous prie, lui dire que je garde toujours de lui un souvenir bien affectueux. »

Les Luthériens d'Allemagne, qui regardent Savonarole comme un des leurs et l'honorent comme un précurseur de la réforme protestante, ont mis sa statue au pied de celle de Luther dans le monument qu'ils ont érigé à Worms en l'honneur du prétendu réformateur, monument dont l'inauguration a eu lieu en 1868.

C'est contre les prétentions des Luthériens d'Allemagne que le P. Rouard publia l'ouvrage intitulé « *Jérôme Savonarole et la statue de Luther à Worms* : Louvain et Paris, 1867, in-8° de 102 pages ».

Dans cet ouvrage, le P. Rouard établit de la manière la plus péremptoire que la réforme protestante ne peut, à aucun titre, revendiquer à son profit le nom de Savonarole, et il le démontre en examinant successivement : 1° sa vie privée ; 2° sa vie publique ; 3° sa doctrine ; 4° sa mort.

1° Le P. Rouard pose en fait que, dans sa vie privée, Savonarole a vécu dans l'observation des vœux de pauvreté, de chasteté, d'obéissance, que Luther s'est fait un honneur de violer ;

Il établit que Savonarole a passé la plus grande partie de sa vie dans la pratique des observances monastiques, et que Luther, au contraire, y a renoncé solennellement ;

Il montre que la perfection de la vie de Savonarole est conforme aux idées catholiques, et tout opposée à celle des protestants (p. 9 — 22).

2° Pour ce qui est de la vie publique de Savonarole,

le P. Rouard dit qu'elle peut se résumer dans les trois réformes qu'il voulut accomplir : la réforme du couvent de Saint-Marc, — celle de Florence, — et la réforme qu'il voulut étendre à l'Église universelle.

L'auteur donne les détails les plus intéressants sur la réforme monastique que Savonarole accomplit dans le couvent de Saint-Marc et sur la réforme morale qu'il opéra dans la ville de Florence; et il compare cette réforme avec les funestes effets de la prédication de Luther en Allemagne; il essaie de justifier Savonarole de son refus de se rendre à Rome et d'obéir au Souverain-Pontife (p. 22-59).

3° Quant à sa doctrine, le P. Rouard établit ces trois points :

(*a*) Que Savonarole est toujours resté attaché à la doctrine de saint Thomas;

(*b*) Qu'il a affirmé par avance toutes les vérités que Luther devait attaquer plus tard, notamment celles qui se rattachent à la grâce, aux bonnes œuvres et aux sacrements de Baptême, de Pénitence et d'Eucharistie;

(*c*) Qu'il a toujours admis comme règle de foi l'autorité du Souverain-Pontife, successeur de saint Pierre.

Le P. Rouard prouve ce qu'il avance par des citations empruntées aux divers écrits du célèbre dominicain ;

Et il le justifie de l'accusation d'hérésie qu'on a portée contre lui (p. 60-77).

4° Sa mort. — Savonarole, mis à mort, à Florence, le 24 mai 1498, — affirma ses sentiments comme religieux en acceptant sa sentence sans murmurer ;

Il affirma ses sentiments comme catholique en demandant un confesseur la veille de sa mort;

Il affirma la pureté de sa doctrine en recevant la sainte Communion, et il mourut en récitant le *Credo*.

Ainsi le P. Rouard oppose la vie privée, la vie publique, la doctrine et la mort de Savonarole à la vie privée, à la vie publique, à la doctrine, à la mort de Martin Luther ; et il proteste contre une assimilation que rien ne justifie.

Un appendice, qui comprend huit pièces ou documents, termine ce savant ouvrage.

VI. — Au mois de novembre 1868, le P. Rouard fut délégué par Mgr Labis, évêque de Tournay, pour faire une visite à Louise Lateau, la célèbre extatique de Bois-d'Haine, qui, depuis le vendredi 24 avril, avait des stigmates d'où le sang coulait tous les vendredis, et qui, depuis le 17 juillet, avait ce même jour des extases. Le P. Rouard fit à ce sujet un rapport dont nous avons sous les yeux une copie qu'il avait envoyée à M. de Bogenet. On nous saura gré d'y puiser quelques détails.

Sans doute ces détails n'apprendront rien de nouveau à ceux qui ont lu les savants ouvrages du docteur Imbert (1), professeur à l'École de médecine de Clermont-Ferrand, et du docteur Lefebvre (2), professeur à l'Université catholique de Louvain. Toutefois ces détails auront peut-être, pour un grand nombre de nos lecteurs, l'attrait de la nouveauté; et le témoignage du P. Rouard offre des garanties que personne ne saurait contester.

Disons d'abord, pour l'intelligence des faits, que Louise Lateau, — qui vit encore, — était, à cette époque, âgée de dix-huit ans. Elle n'avait que deux ans lorsque son père — un pauvre ouvrier — mourut, laissant sa veuve et trois enfants dans la plus complète misère. — La maison qu'habite Louise n'a qu'un rez-de-chaussée, divisé en deux compartiments. — Bois-d'Haine est un petit village situé, non loin des frontières de France, dans le Hainault, à côté de Manage, et dans une des parties les plus industrielles de la Belgique.

Le P. Rouard se rendit à Bois-d'Haine le vendredi 20 novembre; et, à une heure de l'après-midi, il fut introduit par M. le Curé dans la maison de la famille Lateau.

---

(1) *Les Stigmatisées*, par le docteur IMBERT-GOURBEYRE, 2 vol. in-12. Paris, Victor Palmé, 1873.

(2) *Louise Lateau de Bois-d'Haine*, par le docteur F. LEFEBVRE, Louvain, 1870, 360 p.

Il y trouva Louise et ses deux sœurs ; la femme Lateau était absente.

Au moment où il entra, Louise était en extase, assise sur un petit fauteuil. La première impression du P. Rouard fut celle d'un grand étonnement : il ne pouvait croire qu'elle fût en état d'insensibilité, tant sa physionomie lui semblait naturelle ; mais il fut bientôt convaincu de cet état, lorsqu'il vit M. le Curé lui enfoncer une aiguille dans le bras et dans la joue, sans qu'elle parût s'en apercevoir ; il remarqua en même temps que le sang ne coulait pas, quoique la piqûre fut profonde.

Après un quart d'heure d'observation, consacré à l'examen des plaies, notamment de celles des deux mains, qui paraissaient n'avoir pas donné de sang, et des ampoules du front, qui dessinaient autour de la tête comme une couronne d'épines, M. le Curé fit sortir Louise de son extase en l'appelant par son nom. Le P. Rouard put lui parler quelques instants ; et, M. le Curé ayant dit à Louise que le Père avait l'autorisation de l'interroger, elle lui raconta qu'elle venait d'assister au portement de la croix.

Peu de temps après, M. le Curé ayant quitté la maison, et Louise Lateau étant rentrée en extase, le P. Rouard nota sur son carnet, minute par minute, pendant quatre heures et demie, la série des phénomènes extraordinaires qui se déroulaient sous ses yeux, et qui semblaient correspondre aux diverses phases de la Passion du Sauveur :

1 heure 50 minutes. — L'extatique élève les mains, tournée du côté de l'Orient. On fait un grand bruit dans la chambre à côté, dont la porte est ouverte : Louise ne paraît pas s'en apercevoir.

1 heure 56 minutes. — Un fil de sang, frais et vermeil, coule de la plaie de dessus de la main gauche et vient s'arrêter au-dessus du poignet.

2 heures. — Une larme coule du côté gauche et tombe jusqu'au bas de la joue.

2 heures 10 minutes. — La physionomie indique une douleur plus profonde ; des larmes coulent de ses deux yeux.

2 heures 25 minutes. — Un long fil de salive s'échappe

de sa bouche et tombe sur ses vêtements. Elle pousse un soupir. Ses mains sont plus dressées.

2 heures 28 minutes. — Sa bouche s'agite sous un fil de salive qui pourtant ne s'épanche pas.

2 heures 46 minutes. — Elle tombe, les bras presque en croix, et les pieds séparés ; sa tête est comme enfoncée dans la terre. La sœur de Louise accourt et met des linges sous les pieds et sous les mains (1). Elle lui soulève la tête à grand'peine ; ses yeux sont fermés.

3 heures 35 minutes. — Elle fait un mouvement ; les pieds se croisent l'un sur l'autre, les deux bras se mettent encore plus en croix.

4 heures 35 minutes. — Elle se lève avec une très-grande agilité, se met à genoux, les mains jointes et élevées, et paraît prier avec une grande ferveur. Son corps est tellement dressé qu'il paraît à peine toucher à terre.

Après environ dix minutes, elle s'assied sur son fauteuil avec une merveilleuse agilité, et prend une attitude très-modeste.

A partir de ce moment, les faits dont le P. Rouard est témoin lui paraissent si extraordinaires qu'il oublie de regarder sa montre et de prendre des notes.

Louise s'étend les bras en croix ; elle se tord comme sous l'influence des plus vives douleurs ; sa bouche s'entr'-ouvre comme dans un bâillement comprimé ; les soupirs se multiplient ; elle laisse échapper un fil de salive et, une autre fois, un léger vomissement d'une matière verdâtre, que sa sœur vient aussitôt essuyer. Le P. Rouard croit remarquer d'une manière plus distincte autour de son front la couronne d'épines. Elle pousse un cri plus fort que les soupirs et incline la tête.

En ce moment, elle a toute l'apparence d'une personne morte. Sa figure est d'une pâleur cadavérique ; ses lèvres sont noires et livides ; ses yeux, flasques et sans vie.

---

(1) « Le vendredi précédent, le sang des mains avait rempli une grande quantité de linges. » (IMBERT-GOURBEYRE, *Les Stigmatisées*, T. I, p. 50.)

A cinq heures et quart, elle joint les mains dans l'attitude où l'on représente Notre-Seigneur enseveli.

Quelques moments après, le P. Rouard remarque sur sa figure comme une rougeur subite ; sa physionomie paraît exprimer une grande béatitude.

M. le Curé, qui était revenu quelques instants auparavant, approche une lampe à l'huile de pétrole très-près de ses yeux, et elle ne s'en aperçoit pas ; il la pique au-dessus et au-dessous de la plante des pieds : elle ne donne aucun signe de sensibilité.

Vers six heures et quart, le P. Rouard remarque sur son visage un mouvement de physionomie tout particulier, et elle revient à elle en un clin d'œil.

Le P. Rouard peut s'entretenir avec elle pendant une demi-heure, et il est toujours frappé de la candeur et de la simplicité de ses réponses. Dans les détails qu'elle lui donne sur ce qu'elle a vu de la Passion de Notre-Seigneur, il ne trouve rien qui soit en contradiction avec ce que nous savons d'une manière certaine par les saintes Écritures et par la tradition. Elle paraît n'avoir gardé aucun souvenir des mouvements qu'elle a faits pendant son extase.

Elle est du tiers-ordre de Saint-François, et semble ne savoir que très-peu de choses sur sa vie.

Le lendemain, le P. Rouard fut frappé de son apparence de santé; il examina les cicatrices de ses mains : il n'y avait plus aucune espèce d'ampoule; elles étaient couvertes d'une peau desséchée.

Le résultat de cet examen c'est que, dans la conviction du P. Rouard, *Louise Lateau est sincère, et il n'y a point de supercherie* : il s'en est assuré pendant cinq heures d'observations.

Il lui semble aussi que ces faits ne sont pas produits par une intervention diabolique, et il en donne les raisons dans son rapport.

Tout en déclarant qu'il n'a pas compétence pour affirmer que ces faits dépassent les forces naturelles, il ajoute que, dans le cas où les médecins de Louise seraient d'accord avec ses confesseurs, il n'hésiterait pas à reconnaître *le vrai surnaturel.* Il croit en avoir constaté plusieurs caractères : la candeur, l'humilité et surtout l'obéissance.

Il termine en disant qu'il s'est renfermé uniquement dans le récit des faits qu'il lui a été donné d'observer, et que, après cinq jours de réflexion, sa conviction est toujours la même.

Cette visite du P. Rouard est mentionnée dans l'ouvrage du docteur Imbert : c'est M. l'abbé Niels, curé de Bois-d'Haine, qui en rend compte dans une lettre, après avoir parlé de l'extase du vendredi précédent :

« Le trentième vendredi, 13 novembre, Louise a perdu une énorme quantité de sang par le côté, les pieds et les mains ; le sang des mains a rempli une grande quantité de linges, mesurant ensemble deux mètres carrés. Le trente-unième vendredi, il n'y a eu que quelques gouttes de sang à l'extérieur de la main gauche, vers deux heures de relevée. Ses extases ont duré à l'ordinaire depuis neuf heures du matin jusqu'à six heures du soir. Depuis une heure jusqu'à six heures, elle a été observée par le P. Rouard de Card, provincial des Frères-Prêcheurs, résidant à Huy (Belgique). Voici ce que le Révérend Père m'a dicté.... :

« 5 heures. — Louise a des hoquets, un bâillement ; au bout de cinq à six minutes, elle a poussé un cri assez fort ; un jet de salive sort, un vomissement a lieu : elle incline la tête comme si elle se mourait.

» Au bout d'un quart d'heure, elle joint les mains, elle retombe ; les yeux sont morts, elle devient pâle ; quelque temps après, expression de béatitude. A 5 heures 45 minutes, elle revient à elle et s'entretient avec le Père jusqu'à 6 heures 15 minutes. Elle a revu plusieurs scènes de la Passion, entre autres Notre-Seigneur portant sa croix et la sainte Vierge passant devant lui. Elle a fini par voir Notre-Seigneur mourir sur la croix (1). »

L'année suivante, le P. Rouard écrivait à M. de Bogenet,

---

(1) Imbert-Gourbeyre, *Les Stigmatisées*, T. I, p. 50.

au sujet de Louise Lateau (24 octobre 1869) : « La première partie du rapport de M. le docteur Lefebvre, professeur à la faculté de médecine de l'Université catholique de Louvain, vient de paraître dans la *Revue catholique* (livraison du 15 octobre) ; la seconde partie paraîtra le mois prochain. J'espère qu'il sera publié en brochure, et je vous engage à vous le procurer : c'est un travail très-complet sur la question au point de vue médical. »

Nous avons mentionné plus haut, dans une note, cet ouvrage du docteur Lefebvre, qui a été traduit en anglais. On peut voir cités, dans celui du docteur Imbert, plusieurs autres livres, écrits en Belgique et en France, sur Louise Lateau (1).

VII. — En 1869, le P. Rouard alla en Angleterre prêcher une seconde fois le carême, à Londres, dans la chapelle française de King's-Street ; et, comme en 1864, il allait, tous les vendredis et plusieurs jours de la Semaine-Sainte, dire la messe et prêcher dans la chapelle royale des princes d'Orléans. En 1864, il avait donné une conférence sur la nécessité du pouvoir temporel : en 1869, à la veille du Concile du Vatican, qui allait ériger en dogme de foi l'infaillibilité doctrinale du Souverain-Pontife, il fit un beau sermon sur l'infaillibilité du Pape. Un des princes exilés (le duc de Nemours, croyons-nous) le félicita de cette prédication.

Une petite note, que nous trouvons écrite de sa main, constate qu'il était à Oxford le 17 mars 1869.

Pendant son séjour à Londres, il fut préservé d'un très-grave danger; et, comme il s'était placé sous la protection des saints Rois Mages, il leur attribua pieusement sa préservation. A ce sujet, nous ne pouvons mieux faire que de reproduire la page suivante, qu'il écrivit, au mois de juin suivant, sur les registres de la Confrérie des Saints-Rois-Mages, au couvent de Berlaymont, à Bruxelles, page qu'il a publiée, trois ans plus tard, dans la préface de son

(1) *Les Stigmatisées*, p. 9.

livre sur la *Dévotion aux saints Rois Mages, patrons des voyageurs :*

« Je relate bien volontiers, à la demande de Mme la prévôte, le fait de la protection que m'ont accordée les saints Rois Mages, le 2 avril de cette année 1869.

» Je prêchais le carême à la chapelle française de Londres, et, voulant me renseigner sur le paupérisme de cette grande cité, je sortis, le 2 avril, pour aller visiter un *workhouse*, en compagnie d'un jeune prêtre anglais, M. l'abbé Brown. Au moment de monter en voiture, je m'aperçus que j'avais oublié le *billet* des Rois Mages, que je porte toujours avec moi comme protection dans mes voyages, et j'allai le chercher en invoquant mentalement les saints Rois contre tout accident.

» Ayant visité différentes salles du *workhouse*, je fus introduit dans le réfectoire, où, pendant que je parlais avec le directeur de la maison, l'on ouvrit, presque sous mes pieds, une trappe dissimulée dans le plancher qui met en communication la cuisine avec le réfectoire. Un simple mouvement suffit pour m'y précipiter, et je tombai à environ 25 pieds anglais de profondeur.

» Tous les témoins de cette chute sont persuadés que je pouvais être tué sur le coup, ou tout au moins avoir quelques membres brisés. Or je n'ai ressenti aucune douleur, je n'ai pas eu une seule contusion, et j'ai pu me relever immédiatement et continuer mes courses à travers Londres sans éprouver la moindre commotion.

» J'attribue cette préservation, qui me paraît miraculeuse, à la protection des saints Rois, et je leur en suis d'autant plus reconnaissant, qu'il paraît que la malveillance n'était pas étrangère à cet accident.

» Je suis venu, avant de quitter la Belgique, remercier les saints Rois dans la chapelle de Berlaymont, où est leur confrérie, et je les prie de vouloir bien m'assister toujours (1) ».

(1) *La Dévotion aux saints Rois Mages*, 1872, préface, p. 7.

Le P. Rouard insinue que la malveillance n'était pas étrangère à cet accident : en effet, un des vagabonds enfermés dans ce *workhouse* avait reconnu en lui un prêtre catholique, et, en haine du sacerdoce, l'avait exposé à ce danger de mort. Le directeur de la maison voulait faire une enquête et poursuivre l'affaire : le P. Rouard s'y opposa généreusement.

VII. — Au mois de mai 1869, le second provincialat du P. Rouard ayant pris fin, il fut chargé de diriger, en qualité de vicaire général, tous les couvents d'Allemagne et de Hollande. Il avait gouverné la province belge pendant treize ans.

CHAPITRE HUITIÈME.

Omnes qui pie volunt vivere in Christo Jesu, persecutionem patientur.

(II *Timoth.*, III, 12.)

I. — Le P. Rouard quitta la Belgique à la fin du mois de juin 1869. Nommé vicaire général de l'Ordre pour l'Allemagne, il avait à diriger notamment les maisons de Dusseldorf et de Berlin : il se rendit dans cette capitale de la Prusse pour prendre la direction d'un couvent situé dans le faubourg Moabit. Les premiers jours furent calmes, et, selon les expressions dont il se sert dans une de ses lettres, « on sentait partout comme le souffle d'une nouvelle vie » (1). L'église des Dominicains fut bénite et ouverte au public. Mais ce calme dura peu. Les loges maçonniques ayant déclaré la guerre aux ordres religieux, l'attaque commença sur ce couvent des Dominicains. Le P. Rouard eut à tenir tête à une émeute formidable, et le couvent dut être gardé, pendant deux mois, par la police et par

---

(1) Lettre du P. Rouard à M. de Bogenet, datée de Berlin, Moabit-Thurmstrasse, 57, le 24 octobre 1869.

l'armée. Citons une pièce officielle, qui est due à la plume du P. Rouard, et qui jette un grand jour sur ces événements de Berlin :

« Le 23 août 1869, le Préfet de police se rendit chez les Pères Dominicains, au faubourg de Moabit, et, voulant atténuer autant que possible l'importance de sa démarche, il prétendit qu'il avait profité d'une tournée qu'il avait à faire dans le quartier pour venir visiter les religieux. Son langage ne tarda pas à dévoiler cette petite ruse de police, et, à la gravité de ses paroles, il fut aisé de reconnaître que sa présence n'avait rien de fortuit.

» Il ouvrit la conversation en dépeignant la surexcitation des esprits contre les Pères Dominicains, l'animosité de toutes les classes de la population, et insinua que telle circonstance pouvait être prévue où la police serait impuissante à protéger le couvent. Il ajouta que les ouvriers étaient résolus à chasser les religieux ; qu'au besoin ils viendraient en nombre, et qu'on pouvait estimer leurs forces à 17,000, prêts à suivre le mot d'ordre des chefs.

» Mais ceci n'était que l'énoncé de son discours : le haut fonctionnaire donna à entendre que les moines n'avaient qu'un droit fort douteux de résidence à Berlin depuis le décret de 1810, qui avait aboli les ordres contemplatifs. « La » question, dit-il, sera portée à la connaissance des Cham- » bres, et on peut s'attendre à des débats très-orageux. »

» Ce langage, sous la forme modérée, ne laissait pas que d'être menaçant ; mais les Pères restèrent inébranlables dans la résolution de n'abandonner le couvent que par la force, et ils opposèrent aux insinuations du Préfet de police des réponses nettes et précises, dont voici le sens exact :

» 1° L'ordre de Saint-Dominique n'est pas un ordre contemplatif ;

» 2° La Constitution garantit la liberté des cultes ;

» 3° Si, comme ordre religieux, les Dominicains n'ont pas d'existence légale, comme simples particuliers, vivant paisiblement suivant leur volonté, ils ont droit à la protection du Gouvernement ;

» 4° On ne saurait admettre que l'autorité n'est pas en état de protéger des citoyens ;

» 5° Si l'on sacrifie les religieux aux ouvriers de Berlin, il faudra bientôt leur faire d'autres sacrifices ;

» 6° Si l'on montre tant de facilité à condescendre aux désirs de ces mêmes ouvriers, il convient de ne pas oublier qu'il y a aussi des ouvriers en Westphalie et dans les provinces Rhénanes, et qu'il n'est peut-être pas opportun de les mécontenter ;

» 7° Enfin l'éventualité la plus fâcheuse serait d'être exposé à de mauvais traitements, voire même à perdre la vie ; mais depuis longtemps les religieux ont fait à Dieu le sacrifice entier de leurs personnes, et ils seraient heureux de mourir en soutenant les droits de l'Église, dont la persécution les rend les défenseurs. »

II. — Nous trouvons des détails authentiques sur ces troubles de Berlin dans une lettre écrite par le P. Rouard à un de ses amis, M. Wast Gay :

« Je ne sais pas si le bruit de nos épreuves est arrivé jusqu'à vous. En Allemagne, les journaux s'occupent assez de nous pour que ceux de France vous en aient dit quelque chose.

» Le 16 (août), jour de saint Hyacinthe, notre couvent a été pris d'assaut par une foule furieuse, et nous avons été réduits à un tel état de détresse, que j'ai été obligé, à neuf heures du soir, de sauver le Saint-Sacrement et de consommer les Saintes-Espèces pour les soustraire à la profanation.

» Le lendemain, les mêmes scènes se sont renouvelées ; mais cette fois la police a pu repousser l'assaut : il y a eu trente arrestations, et malheureusement plusieurs blessés.

» Depuis, notre position est celle d'une ville assiégée. Nous sommes entourés de piéges et de complots, obligés même de surveiller notre nourrriture.

» Et cependant, lorsque je suis arrivé, nous étions dans

la paix la plus profonde. Protestants et catholiques nous entouraient de leurs sympathies ; les petits enfants, d'aussi loin qu'ils nous apercevaient, accouraient nous donner la main ; nous pouvions nous promener en habit dans les quartiers les plus populeux de la ville ; et quelquefois les bons Prussiens l'acclamaient, parce que ce sont les couleurs prussiennes, *blanc et noir*.

» Il a fallu, pour changer tout cela, un mot d'ordre donné ; le mot d'ordre de Cracovie, qui peut-être bientôt fera le tour du monde.

» Aidez-nous, par vos prières, à bien représenter la sainte Eglise, dont nous défendons les droits et la liberté (1). »

III. — Un des compagnons du P. Rouard au couvent de Berlin, un témoin oculaire des troubles de Moabit, le P. Ceslas-Marie de Robiano, d'une grande famille de Belgique, a donné sur ce sujet, dans *l'Année Dominicaine*, quelques détails intéressants que nous allons reproduire :

« J'ai mentionné déjà, en passant, les troubles de Moabit. C'était, pour le P. Rouard surtout, une époque difficile. Supérieur, sa responsabilité s'accentuait extraordinairement : étranger, l'ignorance de la langue était pour lui une difficulté de plus. Assez précautionneux de sa nature, il se trouvait sans cesse en présence de dangers éventuels que rien ne pouvait faire exactement prévoir ou conjurer ; sous le coup de sollicitudes continuelles, et avec cela malade et assujéti toujours à un grand besoin de sommeil, il lui fallait devancer l'aube pour s'assurer au moins la consolation de célébrer le Saint-Sacrifice de la Messe ; son repos était réduit aux plus strictes limites. Les chefs de la police nous avaient assigné, jour et nuit, seize hommes et un lieutenant pendant plusieurs semaines ; durant la journée, le nombre allait jusqu'à trente, quarante, et même quatre-vingts. Et, pendant ce temps, des démarches non

(1) Lettre à M. Wast Gay, Berlin, 29 août 1869.

équivoques de l'Administration supérieure nous faisaient comprendre son désir de nous voir spontanément déguerpir. De plus, il y avait encore des ouvriers occupés aux constructions ; rien ne leur était plus facile que de mettre une mèche quelque part ou que de pratiquer une mine, comme un jour, en effet, on en découvrit les traces ! Enfin des articles incendiaires paraissaient tous les jours dans presque tous les journaux. D'un autre côté, des dépenses énormes, tous ces hommes à entretenir d'autant plus solidement qu'ils pouvaient être obligés d'exposer leur vie pour notre défense ; des palissades de fortes planches, avec montants de huit pieds de haut, à établir sur plusieurs centaines de mètres d'étendue ; les communications à peu près coupées, la caisse presque vide, l'insolvabilité menaçante, et pouvant, à chaque instant, selon toute prévision, amener la débacle : telle était la situation. Certes il fallait que le cœur du P. Rouard fut *bien ancré là où sont les joies véritables* pour que toutes ces préoccupations humaines lui laissassent sa paix habituelle, son affabilité simple toute sereine et toute victorieuse. Il fallait le voir, l'air souriant, et sans néanmoins jamais rien sacrifier de la dignité religieuse ou sacerdotale, offrir le plus débonnairement du monde, à qui de nos gardes un verre de bière, à qui un cigare, et faire à tous un accueil pacifique et plein de bonté. Pendant les longues soirées qu'il fallait occuper, avec quelle bienveillance toujours gracieuse il tenait compagnie à nos hôtes, sans trahir, malgré tout, ni fatigue, ni ennui, ni inquiétude. Il y avait là le commandant de la garde de police à cheval, le secrétaire du préfet de Berlin, des notabilités de la sûreté publique et des agents secrets. La conversation roulait communément sur les péripéties du jour ou de la veille, sur les dangers de la nuit ou du lendemain. Il n'y pouvait prendre part que par un lambeau qu'il saisissait par ci par là, ou par une phrase qui lui était traduite. Cependant le pauvre Père y assistait à commencer par le souper, et ensuite restant là, avec un verre qu'il touchait peu, mais qui lui servait à mettre les autres à l'aise ; avec un cigare destiné à introduire ceux qu'il offrait, à faire passer le temps et à lutter contre le sommeil. Jamais un mot d'impatience, jamais un signe d'accablement ; et toujours, au milieu de tout cela, une simplicité tellement avenante qu'il avait ravi tous les cœurs. C'était à qui de ces messieurs s'extasierait sur « le bon P. Rouard », à qui exprimerait le regret de ne pouvoir communiquer plus directement avec lui. Cette sérénité était, dans le P. Rouard, le fait d'une vertu d'autant plus supérieure que, au point de vue purement humain, il avait lieu d'être gravement inquiet. On se souvient peut-être que les troubles de Moabit, survenus peu après la bénédiction et l'ouverture de notre petite église, coïncidèrent avec l'agitation excitée par les loges maçonniques dans tout l'est de l'Europe au sujet de la calomnieuse histoire inventée sur « la religieuse de Cracovie », sœur Barbara Ubryk. On avait mis en avant, sous forme de résultat judiciaire, un écrit digne des pires et des plus antireligieuses élucubrations de roman. Il n'y eut qu'un *tolle* contre les couvents dans presque toute la presse : on devine tout ce que vomit alors celle de Berlin. La population s'en était d'abord fort peu émue ; mais on excita et soudoya la populace : il y eut deux jours de suite deux attaques dirigées contre notre petit couvent ; on travailla les ouvriers des usines, si nombreuses dans les faubourgs, à Moabit même et partout : dès lors, en fait d'excès de la multitude ou de tentatives isolées, on pouvait s'attendre à tout (1). »

Cependant, au milieu de ces épreuves, la Providence donnait à son serviteur fidèle des preuves visibles de sa protection. Un jour que la caisse était à peu près vide, un campagnard des environs de Berlin vint, avec sa femme, frapper à la porte du couvent : ils demandèrent à parler au P. Rouard. « Nous savons par expérience, lui dirent-

---

(1) Fr. Ceslas-Marie de Robiano, *L'Année Dominicaine*, février 1879, p. 68-70.

ils, tout ce qu'il en coûte pour entretenir dans sa maison les gens de la police et de l'armée : Dieu nous a inspiré la pensée de venir à votre aide. Veuillez agréer le fruit de quelques économies, que nous avons voulu consacrer à une bonne œuvre. » Et ils remirent entre les mains du P. Rouard un sac de douze mille francs !

IV. — Au mois d'octobre 1869, le P. Rouard fut appelé à l'honneur d'assister au Concile du Vatican. « Vous me témoignez un trop vif intérêt, écrivait-il de Berlin à un de ses amis de Limoges, pour que je ne vous informe pas que je vais décidément au Concile. Je devais d'abord y accompagner Mgr Amanton, archevêque de Théodosie, que la mort vient de nous enlever. Mais, comme depuis longtemps il était dans l'impossibilité de faire ce voyage, le Révérendissime Père Jandel, qui a le droit de siéger au Concile comme général d'ordre, a bien voulu me choisir pour son théologien : c'est une grande marque de confiance qu'il me donne, mais aussi une grande responsabilité qu'il m'impose et pour laquelle je vous demande le secours de vos prières (1). »

« Je suis un peu confus », écrivait-il à propos de ce choix à un autre de ses amis, « car ce fut Dominique Soto qui fut le théologien du général des Dominicains au Concile de Trente. Et cependant, ajoutait-il, je suis heureux de prendre part à cette grande assemblée, et d'y défendre, dans la mesure de mes forces, les grands principes de l'ordre social et de l'Eglise (2). »

Au moment où le P. Rouard écrivait ces lettres, les troubles de Berlin étaient apaisés. « Grâce à Dieu, disait-il, le calme s'est un peu fait autour de nous. La Providence, qui a le secret de faire sortir le bien du mal, en fera peut-être sortir le bien de l'Eglise dans nos contrées ;

---

(1) Lettre à M. Wast Gay, 28 octobre 1869.
(2) Lettre à M. l'abbé de Bogenet, 24 octobre 1869.

et, quant à nous, nous ne pouvons que la bénir de l'assistance merveilleuse qu'elle nous a accordée (1). »

V. — Nous n'avons pas de détails sur la part que put prendre le P. Rouard aux délibérations des évêques et des théologiens, dans lesquelles furent élaborés les décrets du Concile du Vatican. Nous savons toutefois que, partisan déclaré de la définition du dogme, il dissuada Mgr Fruchaud, Évêque de Limoges, d'accepter une invitation qui lui était adressée par le plus célèbre des Évêques opposants.

En suivant les délibérations du Concile, le P. Rouard en écrivait l'histoire jour par jour. Il a consigné ces détails dans un des deux volumes sur l'*Infaillibilité pontificale* que la mort ne lui a pas laissé le temps de publier, et dont le second a pour titre : « *L'Infaillibilité pendant le Concile* ». On se souvient de toutes les démarches que firent quelques Évêques de France et d'Allemagne pour empêcher la définition, de tous les écrits qu'ils publièrent ou qui furent publiés dans ce but sous leur influence. Ayant pleine liberté pour exprimer leur opinion, ils regardaient la définition de l'infaillibilité comme inopportune. Rappelons le mot célèbre que dit à ce sujet le savant Évêque d'Angoulême. Mgr Cousseau, se promenant un jour avec Pie IX et l'Évêque de Poitiers dans les jardins du Vatican, dit à cette occasion une parole qui restera dans l'histoire de l'Église : « *Quod inopportunum dixerunt, fecerunt necessarium* ». — « *Ce qu'ils ont dit être inopportun, ils l'ont rendu nécessaire* (2) ». Dans son ouvrage, le P. Rouard raconte ce qui s'est passé à Rome et hors de Rome au sujet de la définition : le règlement du Concile et l'entière liberté qu'il laisse aux délibérations, la question de l'opportunité en dehors et au sein du Concile, l'opposition des gouvernements, les observations

---

(1) Lettre à M. Wast Gay.

(2) Biographie de Mgr Cousseau, par l'abbé Maratu, curé-doyen de Montmoreau. — Angoulême, 1878, p. 134.

de divers genres écrites par les Pères, les ouvrages publiés pour et contre la doctrine de l'infaillibilité, la question de l'unanimité morale nécessaire pour la définition d'un dogme de foi, la question du cas de conscience, la physionomie de Rome pendant cette discussion, enfin la cérémonie de la définition, l'autorité du Concile et du décret pontifical : le P. Rouard n'oublie rien dans cette histoire du Concile du Vatican.

Il eut le bonheur d'assister à la cérémonie de la définition. C'est le lundi 18 juillet 1870 — jour mémorable dans l'histoire de l'Eglise — qu'eut lieu cette imposante solennité, où, pendant que la tempête éclatait sur la basilique de Saint-Pierre et que la foudre tombait sur la coupole, les Pères du Concile, faisant éclater leurs transports de joie dans des acclamations enthousiastes qui couvraient le bruit du tonnerre, saluaient Pie IX, le Pape de l'Immaculée-Conception, qui, par la définition de l'infaillibilité dogmatique du Pasteur suprême, allait ajouter une nouvelle gloire à son pontificat immortel.

VI. — Après la clôture du Concile, le P. Rouard se rendit à Berlin; mais il ne put se maintenir dans son couvent que pendant quinze jours. Il repartit heureusement avant que le chef de la police ne fût arrivé pour l'arrêter. Comme on ne savait pas la direction qu'il avait prise, il put s'échapper, déguisé en homme du peuple, et sortir du territoire allemand.

Il revint en France par la Suisse, et se présenta à notre consul pour lui donner, sur les forces allemandes qui allaient nous envahir, des renseignements très-surs, puisés aux meilleurs sources. Mais on ne voulait pas croire à ces indications, et, à chaque parole énoncée, on disait : Impossible!

Quand il rentra à Limoges, la ville était sous le coup de l'effervescence populaire causée par la guerre avec la Prusse. Ceux de ces amis qui le virent arriver eurent de la peine à reconnaître, sous son déguisement laïque et d'une tenue négligée, celui qu'ils étaient accoutumés à voir sous la robe blanche du dominicain.

CHAPITRE NEUVIÈME.

Aporiamur, sed non destituimur.
(II Corinth., iv, 8.)

I. — C'est le propre des grandes âmes de ne pas se laisser abattre par les coups de l'adversité. Les païens avaient deviné ce caractère de la véritable grandeur (1), que la religion du Dieu crucifié a mis en pleine lumière. Si les élus passent par le feu des tribulations, comme l'or dans le creuset, c'est pour en sortir plus purs; si les justes ont à traverser de rudes épreuves, c'est pour en sortir plus grands. « *Aporiamur, sed non destituimur,* disait l'Apôtre : — *Nous sommes dans les angoisses, mais nous n'y succombons pas.* » La souffrance et la persécution donnent aux élus une auréole, un degré supérieur de beauté morale que Bossuet exprimait en ces termes : « Ce je ne sais quoi d'achevé que le malheur donne à la vertu ».

Le P. Rouard, chassé de son couvent de Berlin, et se trouvant comme exilé au milieu de sa famille et de sa ville natale, songeait à utiliser les loisirs que lui faisait la persécution. Il recueillit dans la bibliothèque de M. l'abbé Tandeau de Marsac les matériaux de son livre sur les Rois Mages, patrons des voyageurs, dont il avait maintes fois reconnu l'assistance et éprouvé la spéciale protection.

Comme il fallait un aliment à son zèle, il accepta d'aller, à la Souterraine, prêcher la retraite aux religieuses du Sauveur. Au milieu de ces pieux exercices, il fut rappelé en toute hâte à Rome, et il dut interrompre ses prédications. Mais, en revenant à Limoges, il apprit l'entrée des troupes italiennes dans la ville du Pape (20 septembre 1870), et il crut devoir attendre de nouveaux ordres.

---

(1) Si fractus illabatur orbis,
Impavidum ferient ruinæ.
(Horace).

II. — Comme il n'en recevait pas, il alla faire une retraite à Roc-Amadour, dans ce sanctuaire célèbre vers lequel, au XIIe et au XIIIe siècle, on accourait en foule de tous les points de la France, comme on se rend aujourd'hui à la grotte de Lourdes (1). En 1244, saint Louis et la reine Blanche, sa mère, traversaient Limoges pour se rendre à cette chapelle, dont l'autel, d'après une ancienne tradition, aurait été consacré par saint Martial. Le P. Rouard avait une prédilection marquée pour ce sanctuaire. Lorsqu'il était directeur de l'école Saint-Martial, il avait porté à Notre-Dame-de-Roc-Amadour, ainsi qu'à Notre-Dame-de-Lorette, en Italie, de très-beaux vases en porcelaine de Limoges. Pendant qu'il faisait sa retraite sous les auspices de la Vierge miraculeuse, il fut rappelé de nouveau à Rome par les ordres du maître-général. Ce ne fut pas sans danger qu'il traversa la France à cette époque de trouble et de confusion, où les volontaires garibaldiens étaient aussi empressés à piller les maisons religieuses sans défense qu'à fuir devant les troupes prussiennes. Mais il s'était mis sous la protection des Rois Mages, et il arriva sans encombre à Rome au mois de novembre.

« Vous devinez mes impressions, écrivait-il à un de ses amis : je retrouve bien à Rome les mêmes pierres, les mêmes monuments, mais ce n'est plus la Rome d'autrefois. Cependant je suis heureux, ayant vu le Thabor, d'être aussi présent à l'agonie du jardin des Oliviers (2). »

III. — Au milieu des inquiétudes et des angoisses que causait au P. Rouard le spectacle de Rome envahie, de ses couvents expropriés, de ses sanctuaires menacés, le souvenir de la patrie absente revenait souvent à son esprit; il songeait à cette chapelle de Notre-Dame-d'Ar-

---

(1) Voir à la Bibliothèque nationale, dans le manuscrit 16,565, de la fin du XIIe siècle, un recueil de miracles opérés à Roc-Amadour (fol. 1-35).

(2) Lettre à M. Wast Gay, 25 mars 1871.

liquet qu'il avait fait agréger au sanctuaire de Lorette, et à la reconstruction de laquelle il avait ainsi grandement contribué. Il profita des circonstances malheureuses où l'on se trouvait à Rome pour enrichir cette chapelle de nouveaux trésors.

Comme la ville éternelle était au pouvoir de la révolution, et que, en raison de l'audace toujours croissante des ennemis de la papauté et de « leur orgueil qui montait toujours (1) », on pouvait s'attendre à des profanations de tout genre, on songea à faire sortir de Rome un grand nombre de reliques. Le P. Rouard demanda pour lui quelques corps saints qu'on lui accorda, mais son intention n'était pas de les garder. Dans le courant de décembre 1870, il écrivit au bon curé d'Aixe, à M. l'abbé Chapelle, que, ayant reçu en toute propriété les corps sacrés de deux martyrs, saint Honoré et saint Antime, il faisait abandon de ses droits en faveur de Notre-Dame-d'Arliquet. L'abbé Chapelle fut rempli de joie, et, quoiqu'il n'eût pas les fonds nécessaires pour placer convenablement ces reliques sacrées, il eut confiance en la Providence, qui ne tarda pas, en effet, à lui envoyer les secours pécuniaires dont il avait besoin.

Peu de temps après, le P. Rouard demanda et obtint le corps de deux autres saints martyrs, l'un trouvé dans le cimetière de Callixte, sur la voie Appienne, avec une inscription latine que nous traduisons : « Fulgence Palmatius, fort dans sa constance à confesser la foi, expira sous les coups de fouets plombés, à l'âge de trente-huit ans quatre mois et huit jours, sous l'empire d'Alexandre [Sévère, vers l'an 225] (2) ».

---

(1) Superbia eorum qui te oderunt ascendit semper. (*Psalm.* LXXIII, 23.)

(2) « Fulgentius Palmatius, fortis in Christi confessione, plumbatis usque ad mortem cæsus occubuit, sub Alexandro imperatore. Vixit ann. XXXVIII, mens. IV, dieb. VIII ». — Ce corps sacré fut tiré du cimetière de Callixte le 19 mai 1767. (VITOLD DE CHODZKO, *Notre-Dame-d'Arliquet*, p. 244.)

L'autre corps saint était celui d'une vierge martyre, sainte Cornélie, trouvé dans le cimetière de Cyriaque, dans l'*Agro Verano*, avec cette inscription : « La vierge Cornélie repose en paix... Elle fut égorgée sous l'empereur Domitien (*fin du premier siècle*), à l'âge de vingt-neuf ans et cinq mois (2). »

L'abbé Chapelle ayant consulté Mgr Fruchaud, évêque de Limoges, sur la place qu'il conviendrait de donner au corps des saints martyrs, il fut décidé qu'on les exposerait dans des niches pratiquées au milieu des murs latéraux de la chapelle, la tête tournée vers l'autel, de manière à faire de ces martyrs un cortége à la Reine des martyrs, et de manière aussi à justifier le nom de *Notre-Dame-des-Reliques* que l'on donnait à cette chapelle autrefois.

Le P. Rouard achevait son œuvre : après avoir fait agréger ce sanctuaire à celui de Lorette, après l'avoir enrichi de précieuses indulgences, il lui obtenait de nouveaux et d'inappréciables trésors. Ces martyrs, venus de Rome, où ils ont versé leur sang pour Jésus-Christ, sont non-seulement de puissants intercesseurs dans le ciel, mais sur la terre aussi d'admirables modèles ; et leurs reliques sacrées, dans leur silence éloquent, montrent que, s'il est beau de vivre pour Dieu, il est encore plus beau de mourir pour lui.

IV. — Au commencement du mois de janvier 1870, le P. Rouard fut envoyé par le Révérendissime Père Jandel, maître général des Frères-Prêcheurs, à Soriano, petite ville de la Calabre, dans le diocèse de Mileto, à l'extrémité sud de l'Italie. Il avait mission de faire une enquête sur les mouvements extraordinaires d'une statue de saint Dominique, qu'on avait observés dans cette ville quelques mois auparavant.

---

(2) « Virgo Cornelia in p[ace], ann. XXXIX, mens. V, jugulata Domitiano imperatore. » — Ce corps saint fut extrait du cimetière de Cyriaque, le 11 juin 1745. (VITOLD DE CHODZKO, *Notre-am e-d'Arliquet*, p. 245.)

Le 15 septembre 1870, jour où l'Ordre des Frères-Prêcheurs célèbre la fête de la *Commémoraison de saint Dominique à Soriano*, et où la foire qui porte le nom du saint attire chaque année un grand concours de peuple, un fait prodigieux s'était passé. Une statue de saint Dominique, en bois massif et de grandeur naturelle, était exposée sur une estrade, dans la nef de l'église, devant le maître-autel, un peu du côté de l'Évangile. Les cérémonies religieuses du matin étant terminées, un peu avant midi, trente personnes environ priaient devant cette statue : tout-à-coup on la vit s'animer, avancer, puis reculer, lever le bras droit, puis le laisser retomber. Pendant ces mouvements, son front se ridait ; ses regards paraissaient tantôt sévères, menaçants, tantôt tristes, tantôt remplis de douceur et de respect, surtout quand ils se tournaient vers l'image de la Vierge du Saint-Rosaire. *On eût cru voir*, disent les témoins, *un prédicateur en chaire.*

On devine l'émotion que produisit ce spectacle sur le cœur des assistants. La crainte, l'étonnement, se succédaient dans leur esprit ; ils étaient comme atterrés. Aux premiers instants, ils n'osaient ajouter foi à leurs propres yeux. Mais bientôt, se consultant, ils s'assurèrent par une impression commune que ce n'était pas une illusion, mais une réalité. L'église aussitôt retentit des cris : *Saint Dominique! saint Dominique! miracle! miracle!* Il était impossible aux assistants de prononcer d'autres paroles.

Le bruit du prodige s'étant répandu avec la rapidité de l'éclair, la population entière accourut, et deux mille personnes purent être témoins des mouvements miraculeux de la sainte statue, qui durèrent environ une heure et demie.

Pour satisfaire ceux qui redoutaient une illusion d'optique, on arracha les ornements de la guirlande entourant en forme d'arc, mais sans la toucher, la statue vénérée ; on dépouilla ensuite la table qui lui servait de piédestal, et ainsi s'évanouit toute supposition de supercherie. Aucune cause naturelle d'ailleurs, telle que le vent, très-violent ce jour-là, ne pouvait communiquer un mouvement aussi accentué à une statue de bois fort pesante, tandis que les cierges ne s'éteignaient pas et que les objets légers restaient immobiles. Tout donnait ainsi plus de certitude au prodige. Aussi, quand il eut cessé, les pieux habitants de Soriano voulurent, dans leur reconnaissance, porter, le soir, en procession, la statue miraculeuse (1).

V. — Chargé de faire une enquête sur ce fait extraordinaire, le P. Rouard se rendit d'abord à Mileto, pour demander des pouvoirs à Mgr Mincione, dans le diocèse duquel Soriano se trouve. Le 19 janvier, l'Évêque fit une ordonnance par laquelle il déléguait le P. Rouard de Card pour instruire un procès régulier sur le fait réputé miraculeux, et lui concédait la faculté de s'adjoindre comme notaire ou secrétaire don Bruno Ferrari, maître du collége des théologiens de Naples.

Le 20 janvier, le P. Rouard arriva à Soriano, et le lendemain 21 il commença ses travaux.

L'enquête canonique dura dix-sept jours. Le P. Rouard entendit soixante-un témoins, dont il donne, dans son procès-verbal, le nom, l'âge et la profession. Parmi eux, il n'y a pas seulement des ouvriers, tels que des peintres et des sculpteurs, mais des hommes exerçant la profession de notaire, de géomètre, de négociant, d'huissier, de pharmacien, etc.

Le 11 février suivant, après avoir vu les pièces du procès instruit par le P. Rouard, l'Évêque de Mileto prononça la sentence ; et, en la faisant précéder de *dix-neuf considérants*, il déclare, « le saint nom de Dieu invoqué, que tout est surnaturel et miraculeux dans les mouvements de la statue de saint Dominique, le 15 septembre 1870 ».

---

(1) Circulaire du Révérendissime Père Jandel, maître général des Frères-Prêcheurs, adressée aux provinciaux de son Ordre, en date du 8 décembre 1870. (P. Rouard, *Miracle de saint Dominique à Soriano*, p. 89.)

VI. — Le voyage du P. Rouard, à son retour de la Calabre, fut très-pénible. Après avoir dépensé tout l'argent qu'il avait sur lui, il se vit à bout de ressources; il essaya de vendre son anneau de docteur (1) : on ne lui en offrit que trois francs. Il était sur le point de le livrer à ce prix, lorsque la Providence, sur laquelle il avait compté, vint à son secours.

Comme il n'avait point de passeport, il faillit être mis en prison, et on le tint plusieurs jours dans cette crainte. Enfin quelques personnes riches et influentes l'assistèrent, on le fit entrer dans une voiture, et il put échapper au danger.

VII. — Rentré à Rome, il fut chargé de prêcher le Carême dans l'église da Saint-Louis-des-Français, où il avait déjà prêché six ans auparavant. Mais il n'eut pas la consolation, comme en 1865, de voir autour de lui, dans l'enceinte du Colysée, cinq mille soldats français, attentifs à sa parole, suivre pieusement les exercices du *Chemin de la Croix*.

VIII. — Après le Carême, le P. Rouard écrivit un ouvrage sur le miracle de Soriano, ouvrage dans lequel sont résumés tous les faits de la procédure. Revêtu de l'approbation du P. Jandel, le 27 juin 1871, cet écrit, daté de Rome le 18 juillet, fut imprimé en Belgique au mois de septembre suivant. Il a pour titre : « *Le Miracle de saint Dominique à Soriano* » : Louvain et Paris, 1871, in-8° de 95 pages.

Dans un premier chapitre, le P. Rouard fait l'histoire du couvent de Saint-Dominique à Soriano, qui remonte au commencement du XVIe siècle, et de l'image miraculeuse du saint qu'on y vénère; puis il raconte la fête de saint Dominique à Soriano, le 15 septembre, et les premiers

---

(1) Cet anneau d'or porte à l'intérieur la date du 6 août 1853, jour où l'abbé Rouard fut reçu à Rome docteur en théologie.

mouvements observés dans la statue ; — le miracle devant les pieuses femmes dont il rapporte les dépositions ; — le miracle devant la foule, avec les dépositions des témoins ; — les investigations et les épreuves de la critique pour essayer de se rendre compte du miracle ; — les impressions de la population de Soriano, impressions de crainte religieuse, de confiance et de dévotion ; — les grâces extraordinaires de guérison obtenues à l'occasion de ce miracle ; — le rapport adressé à l'Évêque de Mileto par l'archiprêtre de Soriano, et l'enquête plus complète dont le P. Rouard est chargé officiellement par Mgr Mincione ; enfin la sentence épiscopale appuyée par de nombreux *considérants*.

Dans le chapitre neuvième, qui a pour titre : *Simples réflexions*, le P. Rouard examine quel peut être le sens et la portée de ce miracle (1).

Un appendice renferme plusieurs pièces importantes relatives soit à la fête et à l'image de saint Dominique du couvent de Soriano, soit à l'événement miraculeux du 15 septembre 1870.

IX. — Au mois d'octobre 1871, le P. Rouard profita de son séjour en Belgique pour faire visite à Louise Lateau, la célèbre extatique de Bois-d'Haine, auprès de laquelle, trois ans auparavant, il avait été, comme nous l'avons dit, délégué par Mgr l'Évêque de Tournay. Nous trouvons dans l'ouvrage qui a pour titre : « *Les Stigmatisées* » quelques détails sur cette seconde visite du P. Rouard.

Le docteur Imbert raconte que, le vendredi 13 octobre, il assista à la communion de Louise Lateau, et que, peu après la cérémonie, étant rentré dans sa chambre, il la trouva dans la même position, immobile et les yeux fermés, et ne donnant pas le moindre signe de sensibilité. Après qu'il eût constaté cet état d'insensibilité par diverses

---

(3) Une coïncidence que le P. Rouard n'a pas remarquée, c'est que le 15 septembre était le jour où les troupes italiennes arrivaient devant les murs de Rome pour s'en emparer.

expériences, il lui fut prouvé que l'extase de Louise était développée par la sainte communion. Il devait revenir, le soir, pour étudier les phénomènes extatiques qui se produisaient ce jour-là. Mais citons textuellement son récit :

« A midi, je dînai au presbytère. Là, je rencontrai le R. P. Rouard de Card, provincial des Dominicains de Belgique, et M. Riko, jeune poëte hollandais, plein de foi et de piété. Ils étaient venus à Bois-d'Haine pour assister à la stigmatisation hebdomadaire de Louise. Une heure après, nous nous acheminions tous vers la chaumière. Depuis longtemps l'extase du vendredi ne commence qu'à une heure et demie pour se terminer entre quatre et cinq : elle a diminué de longueur sans changer de forme. J'entrai dans la chambre de la jeune fille un quart d'heure avant l'extase. »

Le docteur Imbert ajoute que le début de l'extase fut instantané. Louise devint tout-à-coup immobile, les yeux tournés vers le ciel, sans qu'on pût saisir le moindre changement de position dans son corps. Le sang coulait abondamment des mains, du dos aussi bien que de la paume, quoique à l'intérieur il n'y eut pas traces visibles de stigmates. En examinant le front, on voyait des plaques de sang coagulé dans les cheveux, sur le devant de la tête. La figure était animée, le pouls très-rapide, les extrémités froides; Louise restait assise sur sa chaise, les mains jointes, sans la moindre trace de catalepsie ou de rigidité musculaire. Renouvelant une expérience déjà faite, le docteur Imbert dit à Louise de prier pour le Pape, et l'on vit la figure de l'extatique s'épanouir avec bonheur.

« L'assistance était nombreuse. Outre le P. Rouard et M. Rikó, il y avait là M. Dechamps (*ancien ministre d'État de Belgique*), M. le duc de Lorge, la princesse de Croï sa fille, un prêtre bénédictin anglais, une famille anglaise et quelques autres personnes.

» Bientôt Louise se prosterne en terre, suivant son habitude, avant de se mettre en croix. Nous saisissons ce moment pour répéter l'expérience des prières. Ainsi qu'il était convenu d'avance, le P. Rouard de Card se met à lire à haute voix dans son bréviaire l'*Imprimatur* : la jeune fille ne bouge pas. Puis, sans changer de ton, il récite, en latin, le *Magnificat* : à peine a-t-il prononcé les premiers mots, qu'elle se lève sur place, se met à genoux, étend les bras, ouvre les yeux, et s'associe, par des expressions visibles de joie, à cet hymne de la reconnaissance et du triomphe. Après avoir récité les premiers versets, le Révérend Père passe au *De profundis* : aussitôt la figure de Louise devient triste, s'assombrit, et semble pleine de commisération. Le P. Rouard, après deux versets du psaume, revient encore au *Magnificat* : Louise reprend son expression de joie. Le Père alterne encore : même résultat. L'expérience était complète. La récitation finie, l'extatique retombe comme un bloc dans le prosternement. »

Le docteur Imbert raconte qu'on fit de nouvelles expériences, d'abord par la récitation de la prière : *O bon et très-doux Jésus*, appliquée aux âmes du purgatoire; ensuite par la récitation du chapelet, tantôt en latin, tantôt en hollandais, et enfin par la présentation d'objets bénits, que Louise, dans son extase, savait distinguer des objets indifférents ; puis il ajoute :

« Cependant l'extase touchait à sa fin. Le P. Rouard et moi nous étions pressés de partir. Louise était encore étendue à terre, dans l'attitude du crucifiement. M. le Curé prie le Père provincial de vouloir bien donner sa bénédiction à la jeune fille avant de la quitter. Le P. Rouard, du seuil de la porte, lève la main pour la bénir, mais l'extatique reste immobile ; il lui donne une seconde bénédiction, mais cette fois-ci en prononçant les paroles liturgiques : *Et benedictio Patris*... A mesure que le fils de Saint-Dominique récite la formule, Louise soulève la tête et les épaules sous cette bénédiction qui l'influence, et, à l'*amen* de la fin, retombe dans son immobilité. »

Des faits nouveaux avaient frappé le docteur Imbert dans ce dernier voyage à Bois-d'Haine : l'abstinence presque complète de Louise et son extase pendant la communion (1).

X. — Le P. Rouard aimait à constater par lui-même la vérité de ces faits surnaturels, si multipliés de nos jours, qui fortifient les fidèles, ferment la bouche à la science matérialiste, et rendent inexcusables ceux qui repoussent les enseignements de la foi et le frein de la loi divine, afin de donner libre carrière à leurs passions. Le pieux dominicain, qui avait fait une enquête canonique sur le miracle de Soriano, qui avait observé avec soin les phénomènes extatiques de la stigmatisée de Bois-d'Haine, ne laissait échapper aucune occasion d'étudier ces faits extraordinaires, par lesquels Dieu manifeste sa présence et son action dans le monde. Il suivait d'un œil attentif le miracle périodique de saint Janvier, dont le sang se liquéfie, dans certaines circonstances données, de manière à défier toutes les explications de la science (2). Il croyait d'une foi vive à ces apparitions miraculeuses, dans lesquelles la Vierge, Mère de Dieu, montre sa tendresse maternelle pour les hommes. Prêchant le carême, à Grenoble, en 1857, il attribuait le succès de ses prédications à sa foi en l'apparition de Notre-Dame-de-la-Salette (3). Il allait en pèlerinage à la grotte de Lourdes, et, vers la fin de sa vie, il y faisait une retraite sous les auspices de Celle qui a voulu s'appeler *l'Immaculée-Conception* pour donner une consécration céleste à la définition prononcée par Pie IX. Et, en voyant les masses populaires accepter, non-seulement avec foi, mais avec enthousiasme ces apparitions miraculeuses, le P. Rouard concluait, avec raison, que rien

---

(1) Imbert-Gourbeyre, *les Stigmatisées*, 1873, t. I, p. 117-125

(2) Le 10 mai 1871, le P. Rouard, se trouvant à Rome, écrivait du couvent de Sainte-Sabine à M. de Bogenet, à propos du miracle de saint Janvier : « J'ai reçu hier une lettre d'un témoin oculaire ». Et il lui envoyait des vers sur ce miracle qu'il avait rapportés de Naples.

(3) Lettre à M. Wast Gay, 31 mars 1857.

n'est plus naturel à l'homme que de croire à l'ordre surnaturel (1).

CHAPITRE DIXIÈME.

Amplius non videbitis faciem meam, vos omnes per quos transivi prædicans Verbum Dei. (*Act. Apost.*, xx. 25).

I. — Le 2 avril 1872, le P. Rouard dédiait à Mgr Melchers, archevêque de Cologne, son livre sur les Rois Mages. Il y avait trois ans, jour pour jour, que, se trouvant à Londres, et visitant un *workhouse*, le P. Rouard était tombé dans une trappe ouverte à une profondeur de 25 pieds anglais, sans éprouver le moindre mal ni ressentir la moindre commotion. Nous avons dit qu'il avait attribué cette préservation aux Rois Mages, sous la protection desquels il s'était placé. C'est à l'occasion de cette préservation, regardée par lui comme miraculeuse, qu'il écrivit le livre suivant : « *La Dévotion aux saints Rois Mages, patrons des voyageurs* », Louvain et Paris, 1872, in-12 de 186 pages.

Dans le premier chapitre de son livre, le P. Rouard fait l'histoire des Rois Mages d'après l'Évangile et aussi d'après

---

(1) Il y a douze ans, celui qui écrit ces lignes avait eu, dans une réunion scientifique, une discussion sur ce sujet avec un médecin de Limoges, homme d'esprit, très-habile dans son art. Le docteur B... repoussait certains faits miraculeux racontés dans des documents authentiques. A la fin de la séance, le docteur m'ayant abordé en accentuant son incrédulité : « Mais pourquoi, lui dis-je, refusez-vous de croire à des faits racontés par des témoins oculaires et parfaitement dignes de foi ? » — « Oh! oh! répondit-il, l'esprit humain aime le merveilleux... » — « Vous êtes donc, lui répliquai-je, en dehors de l'esprit humain ? » Devant ce point d'interrogation et cet argument *ad hominem*, le docteur resta bouche close. Il avait, sans le vouloir, confessé la vérité. (Voir le sujet de la discussion dans les *Assises scientifiques de Limoges*, 1867, p. 105 et 106.)

les antiques traditions recueillies dans les écrits des Pères de l'Église, les martyrologes et les liturgies de l'Orient. Dans le second chapitre, il fait l'histoire de leurs reliques, transférées par sainte Hélène d'Orient à Constantinople; puis, au IVe siècle, de Constantinople à Milan, et enfin, au XIIe siècle, sous Frédéric Barberousse, de Milan à Cologne, où on les conserve aujourd'hui dans une châsse d'une merveilleuse beauté. Dans le chapitre troisième, il fait l'histoire, de leur culte, de la fête de l'Épiphanie, appelée aussi *fête des Rois*, et des rites particuliers qui s'y rattachent, des diverses confréries établies en leur honneur, et de la dévotion spéciale que les saints ont eue pour eux. Dans les chapitres suivants, il les présente comme des modèles de vertus, il étudie le mystère de leur vocation; il voit, dans leur voyage une figure de la vie humaine, et il les considère enfin comme patrons des voyageurs. Il montre à cette occasion que l'usage de porter des billets qui ont touché leurs reliques, usage auquel on attache une grâce de protection, n'a rien de puéril ni de superstitieux. Une série de méditations pour l'octave de l'Épiphanie, par le P. Ventura, puis diverses prières en l'honneur des Rois Mages, couronnent dignement ces savantes considérations. A la fin du volume se trouve un *Appendice* formé de diverses pièces historiques relatives aux reliques et aux confréries des saints Rois. — On voit que cet ouvrage est tout à la fois un livre d'érudition et de piété.

Le journal *l'Union*, en rendant compte de cette publication, s'exprimait ainsi : « Au dix-septième siècle, le P. Crombach écrivait trois volumes in-folio sur la *Dévotion aux Rois Mages* : aujourd'hui le même sujet est traité en un volume qui ne compte pas 200 pages, par le P. Rouard : « Les temps sont bien changés, dit-il, et c'est » toujours une nécessité pour l'ouvrier de s'y conformer ». Le R. P. Rouard a raison : les temps sont bien changés; mais, dans sa brièveté, l'opuscule qu'il vient de publier offre un solide aliment aux âmes pieuses, et est en même temps de nature à captiver des esprits qui, sans l'intérêt du récit, n'auraient jamais pensé à honorer d'une façon spéciale les Rois Mages (1) ».

II. — La dédicace du livre sur *la Dévotion aux Rois Mages* est datée de Vienne en Autriche, le 2 avril 1872. C'était le mardi de Pâques, et le P. Rouard, qui avait passé une partie du Carême à Rome, voyageait sans doute en Autriche pour les affaires de son ordre. Quatre ans auparavant, l'an 1868, il avait prêché la station du Carême à Vienne, dans l'église des Dominicains ; il prêcha le Carême une seconde fois dans cette ville, en 1873. Non-seulement la colonie française de Vienne, mais des personnages importants de la Cour d'Autriche suivaient assidûment ses prédications. Du haut de sa chaire, il put même apercevoir sur un banc, mêlé aux rangs du peuple, le descendant des vieux rois de France, qui a hérité de leurs droits et de leurs sentiments religieux et chevaleresques, et dont le noble caractère provoque l'admiration de ceux-là même qui n'aiment pas son drapeau. — C'est en descendant de chaire, le jour du Vendredi-Saint, en 1873, que le P. Rouard contracta la maladie qui devait sinon paralyser ses travaux, au moins abréger ses jours.

III. — L'année suivante, en 1874, il prêcha le Carême à Nice, dans l'église de Notre-Dame, bâtie par le zèle du P. Lavigne. Les frais de construction n'étaient pas encore couverts. Le P. Rouard prêcha en faveur de cette œuvre un sermon de charité qui eut un succès merveilleux, car la quête qui fut faite à la suite produisit près de vingt mille francs.

Mais ses nombreux voyages et son éloignement du pays natal ne lui faisaient pas oublier son cher sanctuaire de Notre-Dame-d'Arliquet. Le 8 février 1875, il écrivait de

---

(1) L'article est signé H. L. — *Semaine religieuse de Limoges*, 1872, p. 892.

Nice au nouveau curé d'Aixe, c'est-à-dire à M. l'abbé Bonnaud, successeur de M. Chapelle : « J'ai envoyé à ma sœur, pour vous la faire parvenir, une palme bénite le jour des Rameaux dans l'église de Notre-Dame de Nice, où j'ai prêché le Carême, palme qui vient d'Orient : ayez la bonté de la déposer en mon nom dans la chapelle de Notre-Dame d'Arliquet ». — Et il ajoutait :

« Je vous adresse aujourd'hui une relique *de la tunique de la très-sainte Vierge*. Il me semble qu'elle est de toute rigueur dans un de ses sanctuaires pour qu'on puisse la faire vénérer les jours de fête. J'ai le regret de ne pouvoir pas y joindre le reliquaire ; mais je ne doute pas que votre piété sache bien le procurer. »

Et, le 9 novembre 1876, il écrivait de Val-Dieu, en Belgique, à M. l'abbé Bonnaud : « Je vous ai adressé au commencement de la semaine une notice imprimée à Aix-la-Chapelle, qui contient tous les renseignements qui vous sont nécessaires sur la relique de la tunique de la très-sainte Vierge, que vous possédez à Arliquet.

« Je vous envoie aujourd'hui une attestation indiquant que cette relique a été extraite de la tunique conservée à Aix-la-Chapelle. J'ai la confiance que Mgr l'Évêque de Limoges voudra bien vous donner une lettre authentique sur mon attestation. »

La tunique de la sainte Vierge, conservée à Aix-la-Chapelle depuis l'empereur Charlemagne, est de couleur jaunâtre : elle a cinq pieds et demie de longueur sur trois pieds et quart de largeur. Quelques ornements très-simples sont tissés dans la toile à la partie supérieure et à la manche droite ; à la manche gauche manque un petit fragment. L'on remarque quelques taches peu apparentes à la place qui correspond à la poitrine. Charlemagne avait formé le trésor d'Aix-la-Chapelle avec des reliques qu'il avait obtenues soit de Rome, des Papes Adrien Ier et Léon III, soit du patriarche de Jérusalem, soit de Constantinople, dont les empereurs recherchaient son amitié. —

Depuis le xe siècle, l'ostension de ces reliques se fait d'une manière très-solennelle, tous les sept ans, du 10 au 24 juillet (1).

Ce fragment de la sainte tunique que l'on possède à Aixe est la dernière relique envoyée par le P. Rouard à sa chère chapelle de Notre-Dame-d'Arliquet.

IV. — En 1876, le P. Rouard prêcha le carême dans l'église de Saint-Amans de Rodez. Nous trouvons, dans la *Revue religieuse de Rodez et de Mende*, un article dans lequel on rend compte de cette station, et où l'on apprécie le talent oratoire du pieux dominicain. Le lecteur nous saura gré de reproduire cet article :

« La paroisse de Saint-Amans de Rodez a eu, pendant le carême qui finit, l'heureuse fortune d'être évangélisée par un de ces fils de Saint-Dominique qui font refleurir en plein XIXe siècle, avec son antique splendeur, l'ordre des Frères-Prêcheurs. Celui qui, il y a près de quarante ans, rétablit en France ce grand institut monastique, et qui, en faisant remonter à sa suite ces religieux dans la chaire, fit revivre un nouveau genre d'éloquence chrétienne, celui-là avait compris que cette restauration répondait à un des besoins les plus impérieux de notre époque. A notre siècle, comme à toutes les époques profondément agitées, il fallait, non plus seulement des *prédicateurs* à l'éloquence majestueuse et compassée, aux longues périodes, aux froides dissertations, mais des « *prêcheurs* » à l'éloquence nerveuse, quelquefois même un peu rude, à l'imagination puissante, au style mâle et énergique ; il fallait des prêcheurs comme le furent au XIIIe siècle saint Dominique, au XIVe saint Vincent Ferrier, au XVe Savonarole,

---

(1) *Les saintes reliques et le trésor d'Aix-la-Chapelle*, p. 14 et 9. — Voir sur l'Ostension de 1440, MARTENNE, *Amplissima Collectio*, T. V. col. 446.

et de nos jours cet illustre prêcheur qui s'appelait Lacordaire.

» Le R. P. Rouard de Card appartient à cette grande école, dont il suit fidèlement les nobles traditions. A la manière facile et pleine d'à-propos avec laquelle il cite les saintes Écritures, on voit qu'il s'en est si bien approprié les pensées et les paroles, qu'on pourrait peut-être dire de lui ce qu'un chroniqueur nous dit de l'abbé de Clairvaux, que, dans ses méditations et ses prières, il lui semblait voir se développer devant lui le texte des Écritures : « *Confessus » est sibi meditanti vel oranti sacram omnem velut » sub se positam et expositam apparuisse scripturam.* » (Gaufridus, *Vita Bernard.*) Il sait éclairer les obscurités du texte sacré à la lumière des commentaires des grands docteurs, et en particulier de cet illustre Thomas d'Aquin dont il porte l'habit et dont il conserve l'esprit ; mais c'est à peine si aujourd'hui, dans le désarroi de nos intelligences égarées, nous pouvons suivre, même de loin, les spéculations sublimes au milieu desquelles se jouait l'esprit du Docteur angélique. Ajoutez à cette science théologique une connaissance approfondie du cœur humain, et vous aurez les sources intarissables d'où le R. P. Rouard de Card tire le fonds et la matière même de ses discours. Maintenant, comment cette matière est-elle mise en œuvre ? Comment dispose-t-il et ordonne-t-il les éléments qu'il a ainsi trouvés et choisis dans ses pieuses méditations ? Au moyen d'une dialectique serrée et rigoureuse dont il a emprunté le secret à cette scolastique du moyen âge si dédaignée aujourd'hui, et à laquelle il faudra cependant revenir si nous ne voulons pas perdre toute vigueur de raisonnement et tout esprit de logique. Il ne faut pas croire que ces qualités sévères de l'orateur fassent de ses discours des dissertations savantes, mais obscures pour beaucoup d'intelligences et peu accessibles au vulgaire. C'est une erreur de nos critiques modernes de vouloir ainsi limiter les facultés de l'intelligence les unes par les autres, et de dire à un prédicateur : « Vous êtes trop savant philosophe, trop profond

» théologien pour être compris de votre auditoire ». C'est le propre des esprits larges et élevés de savoir unir la clarté du langage à la profondeur des pensées, la lucidité de l'exposition à la rigueur du raisonnement, la grâce littéraire à la vigueur philosophique. Aussi n'est-ce pas le moindre mérite du R. P. Rouard de Card d'avoir su revêtir d'un style clair et simple les vérités éternelles qu'il allait puiser pour nous dans la méditation des livres saints et l'étude des grands docteurs, et d'avoir su ainsi les mettre à la portée de nos intelligences en les entourant d'une vive et éclatante lumière.

» C'est cet ensemble de qualités réunies dans un harmonieux équilibre qu'il nous a été donné de goûter pendant tout ce carême, et surtout pendant la semaine de la Passion, spécialement choisie par notre prédicateur pour donner à la paroisse une retraite préparatoire à la communion pascale. Chaque soir, pendant cette semaine, il a détaché du tableau de la Passion une des grandes figures qu'on y rencontre pour la faire passer sous nos yeux. Un jour, nous racontant l'histoire de Judas, il nous faisait méditer sur les épouvantables conséquences du désespoir; le lendemain, il relevait notre confiance, et trouvait le moyen de nous exposer l'excellence du repentir en nous parlant de saint Pierre et de sa chute. Un autre jour, en nous esquissant le portrait de Jean, le disciple bien-aimé, et en nous montrant dans sa vie l'application de la maxime « *Beati » mundi corde, quoniam Deum videbunt* », il nous faisait pénétrer au plus intime de la théologie morale en nous indiquant les trois espèces de puretés : la pureté de conscience, la pureté du corps et la pureté de l'intelligence ; en même temps il nous révélait les secrets de la théologie mystique en faisant monter successivement les trois degrés de la vision divine. Notre pieux orateur savait de cette manière rendre son enseignement doctrinal plus saisissant, en l'incarnant, pour ainsi dire, dans chacune des imposantes figures qu'il nous peignait en traits si vifs et si colorés. Par son talent à nous décrire ainsi par avance quelques-unes des grandes scènes du drame sublime qu'il devait, la semaine suivante, nous raconter dans son entier, le R. P. Rouard de Card nous a montré qu'il n'était pas seulement un savant théologien et un éloquent orateur, mais encore un peintre habile et un narrateur plein de charmes.

» Et maintenant que le carême est terminé, que, au risque de blesser cette modestie qui aime à se cacher à l'ombre du cloître et dans le silence du monastère, il nous soit permis de le remercier du bien qu'il a fait à nos âmes et de lui offrir les vœux que nous faisons tous pour le rétablissement d'une santé ébranlée par les saintes austérités de la vie monacale et les pénibles travaux de l'apostolat (1). »

V. — Cette même année (1876), le P. Rouard vint à Limoges prendre au sein de sa famille quelques semaines de repos. Pendant les exercices du Mois de Marie, on le vit, avec deux autres religieux de son ordre, dans cette église qu'un illustre fils de Saint-Dominique, Gérald de Frachet, avait fondée et dédiée à Notre-Dame-du-Rosaire, et qui a été, depuis son origine jusqu'à la révolution, l'église des Dominicains. Ces trois religieux semblaient, par leur présence, faire revivre les jours d'autrefois. Le mercredi 31 mai, ils conduisirent en pèlerinage, à Notre-Dame-d'Arliquet, la paroisse de Sainte-Marie et les associés du Saint-Rosaire; et le P. Rouard, en voyant l'affluence des pèlerins à cette chapelle qu'il avait fait enrichir de grandes indulgences et de précieuses reliques, dut éprouver une de ces consolations suprêmes que goûtent les justes quand ils voient le succès de leurs travaux : *Venientes autem, venient cum exultatione, portantes manipulos suos.* (Psalm. cxx, v. 6.)

Il dut se rappeler les paroles que, douze ans plus tôt, en

---

(1) *Revue religieuse de Rodez et de Mende*, 21 avril 1876

1864, il adressait à l'abbé Chapelle, dans une lettre que le bon Curé d'Aixe a publiée : « Je vois déjà votre basilique, j'assiste à la cérémonie de la consécration,.... et plus tard à la grande cérémonie du couronnement de Notre-Dame-d'Arliquet,.... et toujours sur la ville d'Aixe la bénédiction qui se lit sur celle d'Assises : « *Benedicta tu civitas a* » *Domino, quia per te multæ animæ salvabuntur, et* » *in te multi servi Altissimi habitabunt, et de te eli-* » *gentur ad regnum æternum. Pax tibi sit!* O cité! le » Seigneur t'a comblée de bénédictions, parce que beau- » coup d'âmes trouveront en toi leur salut ; dans son sein » habiteront de nombreux serviteurs du Très-Haut ; » parmi les tiens il sera pris des élus pour le repos éternel. » Que la paix règne sur toi (1)! »

Nous aimons à voir dans ces paroles du P. Rouard une prophétie que l'avenir se chargera de réaliser.

VI. — La santé de sa mère, qui donnait les plus vives inquiétudes, le retint dans sa famille une partie du mois de juin. Il partit vers la fin du mois pour la Belgique et la Hollande, et, le 1er juillet, il écrivait de Bruxelles à M. de Bogenet : « J'ai vivement regretté de ne pouvoir pas revenir vous voir avant mon départ, qui a eu lieu le samedi 24 juin. Mais j'ai dû me hâter pour profiter d'une journée de mieux dans la santé de ma mère.

» Je vous ai souhaité une bonne fête et j'ai prié les Sœurs de la Souterraine de vous faire parvenir une relique de saint Jean-Baptiste provenant de la grande relique d'Aix-la-Chapelle....

» Mon adresse sera jusqu'au mois d'octobre à Huissen, près Arnheim (Pays-Bas). »

---

(1) *Reconstruction de Notre-Dame-d'Arliquet*, deuxième Bulletin, p. 21. L'abbé Chapelle, en publiant cette lettre, ajoute : « Personne ne devait plus encourager notre œuvre que le R. P. Rouard de Card, puisque c'est lui qui est cause que nous l'avons entreprise ».

On se rappelle que le P. Rouard était encore à cette époque vicaire général de l'Ordre, non-seulement pour l'Allemagne, mais encore pour la Hollande.

VII. — En 1877, le P. Rouard alla prêcher le Carême dans l'église d'Oloron (Basses-Pyrénées). Cette station devait être la dernière. Forcé par la fatigue d'interrompre ses prédications, il se rendit à Pau pour essayer de retremper ses forces dans un air salubre, espérant reprendre ses travaux de missionnaire pendant la Semaine-Sainte ; mais il dut renoncer à cet espoir, et faire un sacrifice qui coûta cher à son zèle.

Il n'était pas loin de Notre-Dame-de-Lourdes, il y alla faire une retraite de huit jours.

Nous aurions désiré donner une liste complète de ses prédications, mais, les renseignements nous faisant défaut, nous nous bornons à donner une liste incomplète de ses stations de Carême :

1856. Cathédrale d'Avignon.
1857. Cathédrale de Grenoble.
1858 ou 59. Saint-Jacques sur Caudenberg (Belgique).
1859. Cathédrale de Nîmes (*Avent*).
1860. Saint-Michel de Limoges.
1861. Cathédrale de Grenoble.
1862. (?).
1863. Cathédrale du Mans.
1864. Chapelle Française, à Londres.
1865. Saint-Louis-des-Français, à Rome.
1866. Calais.
1867. (?).
1868. Vienne en Autriche.
1869. Chapelle Française, à Londres.
1871. Saint-Louis-des-Français, à Rome.
1873. Vienne en Autriche.
1874. Notre-Dame de Nice.
1875. (?).
1876. Saint-Amand de Rodez.
1877. Oloron, diocèse de Bayonne.

VIII. — Au mois de juin 1877, le P. Rouard vint faire une dernière apparition dans sa famille, un dernier voyage dans son pays natal. Nous eûmes à cette occasion la joie de le revoir. Nous le trouvâmes lisant l'ouvrage de Gérald de Frachet (1) sur les premiers religieux de son Ordre, et nous causâmes à ce sujet du passage de saint Dominique à Limoges.

Quelques jours avant son départ, il se trouvait à Aixe avec un prêtre des environs, M. le curé de Séreilhac. Le P. Rouard lui parla de sa paroisse, où il avait prêché autrefois. « Quel est, lui demanda-t-il, le patron de votre église? » — « Sainte Madeleine. » — « Avez-vous des reliques de cette sainte ? » — « Non ». — « Eh bien ! je puis vous en procurer de très-authentiques. » Peu de temps après, c'est-à-dire huit jours avant la fête de sainte Madeleine, qu'on célèbre le 22 juillet, une parcelle du chef de sainte Madeleine arrivait à Séreilhac. Elle était accompagnée de toutes les preuves d'authenticité exigées par l'Église. Après avoir été vérifiée par l'autorité diocésaine, elle fut portée en procession, le jour de la fête, dans la paroisse de Séreilhac, où on la vénère aujourd'hui (2).

Ainsi ce n'est pas seulement au sanctuaire de Notre-Dame-d'Arliquet que le P. Rouard a procuré de précieuses reliques : il a donné à la paroisse de Saint-Michel de Limoges et à celle de Saint-Jean de Luz les reliquaires des Rois-Mages que ces églises possèdent ; c'est encore à lui que la paroisse de Beynac, près d'Aixe, doit une relique de saint Dominique.

Ceux des amis du P. Rouard qui le virent dans ce dernier voyage eurent, relativement à sa santé, de tristes

---

(1) Illustre dominicain limousin, né en 1205 au château de Châlucet.

(2) Lettre de M. Bessède, ancien curé de Séreilhac, aujourd'hui à l'oratoire Saint-Cyr : Tours (5 mai 1879).

pressentiments. Sur son visage, où régnait habituellement la paix et la joie, on lisait de pénibles préoccupations ; il y avait une teinte de tristesse jusque dans son sourire, et, dans son regard si bienveillant, comme un rayon de mélancolie. Avait-il un vague soupçon de sa fin prochaine ? Dans les cœurs les plus pieux, la grâce n'étouffe pas toujours les sentiments de la nature ; et, quand il faut dire un dernier adieu à sa patrie dont les souvenirs ont tant de charmes, quand il faut se séparer à jamais de sa famille dont l'affection a été la source de joies si pures, quand il faut s'éloigner pour toujours d'amis dont l'estime est un trésor, — peut-on les quitter sans avoir les yeux humides, même avec la pensée de partir pour le ciel ?

CHAPITRE ONZIÈME.

Justus, si morte præoccupatus fuerit, in refrigerio erit. (Sap., IV, 7.)

I. — Le P. Rouard quitta Limoges au mois de juillet 1877. Il avait l'intention de se rendre en Allemagne, où l'appelaient les intérêts de son ordre. Il voulut passer par la Belgique et prendre quelques jours de repos à Heyst-sur-Mer, pour essayer de rétablir sa santé de plus en plus délabrée.

Le docteur Lefebvre, de Louvain, avait vu avec peine qu'il se décidait à partir seul pour l'Allemagne. Si on avait pu le retenir à Louvain, où il avait séjourné un instant, on l'aurait gardé, tant sa santé inspirait d'inquiétudes.

Il arriva à Heyst le 18 juillet. Pendant les quinze jours qui précédèrent sa mort, Notre-Dame du Rosaire et saint Dominique ménagèrent à sa piété quelques douces consolations.

Il s'était toujours distingué par une grande dévotion à Notre-Dame du Rosaire. Il ne négligeait aucun moyen de propager cette dévotion. C'est sous son provincialat que le

Rosaire perpétuel avait été rétabli. Il avait encouragé le R. P. Vermeersch dans cette œuvre à la fois si importante et si difficile. Aussi grande fut sa joie lorsque, une quinzaine de jours avant sa mort, il apprit que cette association, qu'il avait vue renaître, comptait au-delà de 50,000 membres. Une autre dévotion qui lui était particulièrement chère était celle de saint Dominique, son père bien-aimé. Dieu voulut que les derniers jours que le P. Rouard passa sur la terre fussent réjouis par une bonne nouvelle. Peu de temps avant son décès, il alla trouver à Heyst une dame, tertiaire dominicaine, pour lui communiquer une lettre qu'il venait de recevoir d'Amérique, et dans laquelle on lui disait que saint Dominique venait d'apparaître en cette contrée à plusieurs reprises depuis le mois de mai. Le P. Rouard était tout heureux de cette nouvelle manifestation de la puissance de saint Dominique, et ne savait comment manifester sa joie (1).

II. — Le vendredi 3 août, veille de la fête de saint Dominique, devait être le dernier jour ici-bas du P. Rouard. Le soir, à six heures, après avoir récité l'office du saint fondateur de son ordre, il sortait de chez M. le vicaire d'Heyst, et s'en allait longeant les maisons qui sont bâties en face de la mer. Tout à coup il se sentit pris d'une fatigue extraordinaire. Il tomba : on vint à lui, on le porta dans une maison voisine, où on l'étendit sur un canapé, et là il succomba, disent les journaux belges, à la rupture d'un anévrisme, ou plutôt, croyons-nous, à une attaque foudroyante de la maladie (rhumatisme articulaire) dont il souffrait beaucoup depuis quatre ans. Dieu lui laissa quelques minutes pour

---

(1) *Le Propagateur du Rosaire*, imprimé à Louvain, dans lequel nous avons puisé une partie des renseignements qui précèdent, dit à ce propos : « Nous n'avons pas de détails sur ce fait, si ce n'est qu'il fait beaucoup de bruit en Amérique, et que le Provincial de Buenos-Ayres a confirmé en tous points les nouvelles reçues par le P. Rouard. » (N° de septembre 1877, p. 140.)

se reconnaître; et le curé, appelé en toute hâte, put lui donner l'extrême-onction et recevoir son dernier soupir.

La mort des justes est quelquefois subite : elle n'est jamais imprévue. Le P. Rouard se préparait chaque jour à ce redoutable passage. Le matin, il avait célébré la messe avec une ferveur qui avait touché jusqu'aux larmes plusieurs assistants, et son action de grâces s'était prolongée pendant près d'une heure. Aussi vit-il venir la mort sans crainte. Il est vrai, la mort le séparait de sa patrie terrestre, mais elle lui ouvrait le chemin de cette patrie éternelle qui a pour confins la paix (1), la lumière et l'amour (2).

On peut dire qu'il tombait glorieusement, les armes à la main, sur le champ de bataille du zèle et de la charité. Il se rendait, malgré ses fatigues, dans ces couvents d'Allemagne d'où la persécution l'avait chassé. En succombant sur la route, victime de son devoir, il lui appartenait de dire tout bas, en mourant, ces paroles de l'apôtre : « J'ai combattu le bon combat; j'ai achevé ma course; j'ai conservé la foi; au surplus, la couronne de justice m'est réservée : le juste juge me la donnera en ce jour (3) ».

Il s'était endormi dans le Seigneur, comme il est dit du grand saint dont il venait de réciter l'office, et auquel la liturgie sacrée applique ces paroles : « Le Seigneur l'a revêtu d'une robe de gloire : il l'a couronné aux portes du paradis (4) ».

Le P. Rouard était dans la vingt-deuxième année de sa profession religieuse, et il n'avait pas encore atteint cin-

---

(1) Qui posuit fines tuos pacem. (*Psalm.* CXLVII, 14.)

(2) Che solo amore e luce ha per confine..

(DANTE.)

(3) Bonum certamen certavi, cursum consummavi, fidem servavi; in reliquo reposita est mihi corona justitiæ, quam reddet mihi Dominus in illa die, justus judex. (II. *Timoth.*, IV, 6, 7.)

(4) Stolam gloriæ induit eum, et ad portas paradisi coronavit eum. (*Offic. confess. non pontif.*)

quante-quatre ans. Mais, s'il n'était pas *plein de jours*, *plenus dierum*, comme dit la Sainte-Écriture, on peut dire que ses jours avaient été *des jours pleins, dies pleni*, pleins de mérites et de bonnes œuvres, remplis d'œuvres de zèle et de charité.

III. — Son corps fut transporté dans la maison de M. le Curé. On installa dans le salon du presbytère une chapelle funèbre, où il resta exposé jusqu'au lundi matin, 6 août.

Ce jour-là, fête de la Transfiguration de Notre-Seigneur et jour anniversaire de la mort de saint Dominique, on célébra les obsèques du P. Rouard dans l'église paroissiale d'Heyst. La messe fut chantée par le R. P. Prieur du couvent de Louvain, et l'absoute fut donnée par le T.-R. P. Provincial de Belgique.

On comprend facilement l'impression douloureuse que causa ce triste événement dans le cœur de tous ceux qui connaissaient le P. Rouard et appréciaient ses grandes qualités. Le concours le plus sympathique qui se fit autour de son corps et à ses funérailles n'en fut qu'une très-faible expression.

Cependant la famille du P. Rouard avait fait réclamer son corps, ne voulant pas qu'il reposât dans une terre étrangère. Quinze jours après le fatal événement, un religieux de Lille, le P. Devoucoux, passait à Paris, accompagnant les restes mortels du pieux dominicain, qu'il conduisait à Limoges, où il devait être inhumé dans un caveau de famille (1).

C'est le 18 août 1877 qu'eut lieu cette inhumation. M. l'abbé Pinot, curé de Saint-Michel, alla chercher le cercueil à la gare, et conduisit au cimetière de Louyat le corps du défunt, que suivait un nombreux cortège de parents, d'amis, d'ecclésiastiques de Limoges, à la tête desquels se trouvait M. de Bogenet, vicaire général.

---

(1) *L'Année Dominicaine*, septembre 1877, p. 393. — *Le Propagateur du Saint-Rosaire*, septembre 1877, p. 138.

On ne peut accompagner de pareilles funérailles sans entendre retentir à ses oreilles ces paroles de saint Paul : « Ne vous attristez pas comme ceux qui n'ont pas d'espérance », — ou bien ce verset du Psalmiste : « La mort des saints est précieuse devant Dieu, » — ou encore cet oracle de l'apôtre bien-aimé : « Heureux les morts qui meurent dans le Seigneur (1) ! »

IV. — Divers journaux ou recueils périodiques de France et de Belgique, en annonçant la mort du P. Rouard, n'ont pas manqué de faire l'éloge du défunt.

Ainsi *l'Année Dominicaine*, où nous avons puisé une partie des détails que nous avons donnés sur son décès, s'exprime en ces termes : « Il a été, pendant les vingt ans qu'il a passés au milieu de nous, une des notabilités de l'Ordre.

» Chassé de l'Allemagne par la dernière persécution, il y était revenu plusieurs fois sous un déguisement, non sans danger, pour y veiller aux intérêts de l'Ordre ; quoique déjà épuisé par la maladie, il y retournait quand la mort l'a frappé. Nous nous faisons un devoir de lui rendre un fraternel et douloureux hommage, en attendant que nous puissions dire plus longuement avec quel zèle il a servi l'Église et notre Ordre par son administration, sa parole et ses écrits (2). »

Le journal *l'Union*, après avoir annoncé la mort du P. Rouard, et avoir énuméré ses différents titres, s'exprimait ainsi : « Le P. Rouard de Card était un religieux infatigable et savant, d'un caractère plein de douceur

(2) Non contristemini, sicut et cæteri qui spem non habent. (1 *Thess.*, IX, 12) ; — Pretiosa in conspectu Domini mors sanctorum ejus. (*Psalm.*, CXV, 15) ; — Beati mortui qui in Domino moriuntur ! (*Apoc.*, XIV, 13.)

(2) *L'Année Dominicaine*, septembre 1877, p. 394.

apostolique et d'intrépide fermeté lorsqu'il s'agissait de défendre la pureté de la doctrine et les droits de la vérité.

» Il était en Allemagne, à Berlin, au commencement de la persécution religieuse; mais, si les agents de la politique prussienne ont pu l'expulser du territoire Allemand, ils ont été inpuissants à lui arracher un acte, une parole de faiblesse....

» Sa perte laissera dans la famille de Saint-Dominique un vide difficile à combler. Il était pour nous un ami dont les conseils et les judicieuses remarques sur les hommes et les choses qu'il était appelé à étudier, au cours de ses voyages, nous ont souvent guidés (1) ».

Le *Bien public*, de Gand, dans son numéro du 7 août 1877, après avoir annoncé la mort du P. Rouard, disait :

« Il laisse plusieurs ouvrages imprimés, et préparait un ouvrage considérable sur l'infaillibilité pontificale... Ce travail est un résumé complet de tout ce qui se rapporte à ce dogme.

» Non-seulement il renferme tout ce que les Pères et la tradition de l'Eglise nous ont laissé sur ce point, mais encore tout ce qui s'est passé à Rome pendant le Concile, où le P. Rouard a assisté comme théologien du révérendissime Père général...

» Ce religieux, docteur en théologie, a été aussi remarquable par sa piété que par sa science... Il laisse une mémoire qui est en bénédiction. »

« Le *Propagateur du Rosaire*, parlant des ouvrages du P. Rouard, ajoute : « Le principal reste inachevé. C'est un travail sur le dogme de l'infaillibilité avant, pendant et après le Concile. »

---

(1) *L'Union*, 8 août 1877. — Le P. Rouard est l'auteur de diverses correspondances qui ont été publiées dans *l'Union*, notamment sur les affaires d'Allemagne, en 1869 et dans les années suivantes. Nous tenons ce détail authentique de Mme de C...., nièce du général de Montréal.

V. — Disons un mot de cet ouvrage sur l'*Infaillibilité pontificale*, dont le P. Rouard avait livré à l'impression les deux premières feuilles (1), quand il a été surpris par la mort.

Cet ouvrage devait former trois volumes in-8°. — On a seulement le manuscrit des deux premiers volumes.

Dans le premier, il établit que la croyance à l'infaillibilité du Souverain-Pontife est une vérité *définissable*, c'est-à-dire une vérité faisant partie du dépôt de la révélation et susceptible d'être imposée par l'Église à la foi des fidèles ; et, pour montrer que la doctrine de l'infaillibilité réunit ces caractères, il interroge successivement la raison théologique, la tradition vivante et écrite de l'Église, l'Écriture sainte, et enfin les témoignages de l'histoire.

Il constate la tradition vivante de l'Église, d'abord à notre époque, en l'étudiant dans le consentement presque unanime des Évêques et des fidèles au moment de la convocation du Concile du Vatican, comme aussi dans les diverses liturgies de l'Orient et de l'Occident, et dans la conduite de l'Église à l'égard des Bulles du Souverain-Pontife.

Puis, remontant les siècles, il la montre se manifestant par la marche et par l'issue de la controverse sur l'infaillibilité pontificale.

Enfin, il la voit briller dans tout son éclat, au XVe siècle et au XIIIe, par les Conciles de Florence et de Lyon, et, à la même époque, par le consentement universel des théologiens.

Après cet exposé, il établit la chaîne des monuments écrits de la tradition, en remontant, de siècle en siècle, depuis saint Bernard jusqu'à saint Ignace, martyr, disciple de saint Jean.

L'Écriture sainte lui fournit une troisième série d'ar-

---

(1) A Poitiers, chez Oudin.

guments, et il confirme, par les données de l'histoire, les déductions de la raison et les enseignements de la tradition et de la Sainte-Écriture. Il réfute les objections faites par les adversaires de cette doctrine à l'occasion des papes Libère, Honorius, Boniface VIII, Jean XXII. On trouve dans ce volume un résumé savant et méthodique de tout ce qui a été dit sur ce sujet par les théologiens et les Pères de l'Église.

Dans le second volume, l'auteur a pour but de démontrer que la question de l'infaillibilité a été bien définie, et, pour cela, il fait l'histoire du Concile du Vatican, où sa position de théologien du révérendissime Père Jandel lui permettait de voir de près les hommes et les choses. L'histoire de ce Concile est complète, et il serait très-regrettable qu'elle ne fût pas publiée : nous en avons déjà donné une courte analyse, et nous ne reviendrons pas sur ce point ; nous nous bornerons à dire que le livre du P. Rouard est une véritable *somme théologique* sur l'infaillibilité pontificale.

Ces deux volumes sont achevés et prêts à être livrés à l'impression. L'auteur indique un troisième volume, dont il avait conçu le plan : « Il nous reste, dit-il, à exposer les conséquences et les harmonies de cette définition, et à la défendre contre les adversaires qui ont osé la contredire : ce sera la matière d'un troisième volume. » Nous ne savons pas si le P. Rouard avait achevé la composition de ce troisième volume ; quoi qu'il en soit, le manuscrit n'a pas été retrouvé.

Nous aimons à croire que ce travail du P. Rouard ne sera pas perdu, et que les amis du pieux et savant Dominicain seront assez nombreux pour couvrir, par une liste de souscription, les frais d'impression de l'ouvrage (1).

---

(1) Les personnes qui désireraient souscrire à ces deux volumes pourraient adresser leur adhésion à l'abbé ARBELLOT, chanoine de Limoges. Prix des deux volumes : *dix francs*. L'impression sera commencée dès qu'il y aura un nombre suffisant de souscripteurs.

Pour donner une idée du plan de ce livre, nous allons publier ici la table des matières de ces deux volumes.

VI. — Voici la table des matières du premier :

Ce premier volume, dans le manuscrit, a plus de 300 pages.

VII.— Voici la table des matières du second volume :

A la fin du second volume, plus étendu que le premier (400 pages), on trouve, dans un appendice, de nombreuses pièces justificatives, telles que la Bulle de convocation du Concile, le Catalogue alphabétique des Pères du Concile du Vatican, les Lettres apostoliques réglant l'ordre à suivre pour le Concile, la constitution *Pastor æternus*, le nom des évêques qui ont voté *Non placet* le 13 juillet 1870, etc., etc.

CHAPITRE DOUZIÈME.

Virtute clarus et fide (1).

I. — Nous ne pouvons terminer cette biographie du P. Rouard sans dire un mot des vertus qu'il a pratiquées et dont il a donné l'exemple. La douceur, qui faisait le fond de son caractère, s'alliait chez lui à une grande énergie. On pouvait dire de lui, en lui appliquant un passage de la sainte Écriture, qu'il atteignait ses fins avec force, mais en disposant toutes choses avec suavité (2). « J'ai rarement trouvé, nous écrivait un de ses confrères, un

(1) *Breviar. Roman.*, Hymn. confess. non pontif.

(2) « Attingit ergo a fine usque ad finem *fortiter*, et disponit omnia *suaviter*. » (*Sap.* VIII, 1.)

homme en qui la force fût si parfaitement pondérée par la douceur. »

Un autre de ses confrères, qui a été, pendant des années, le témoin de sa vie, tantôt calme, tantôt agitée, le P. Ceslas-Marie de Robiano, a tracé dans *l'Année Dominicaine*, « le livre de famille des Frères-Prêcheurs », un portrait du P. Rouard dont nous allons reproduire les traits principaux :

II. — « Pour comprendre le P. Rouard de Card, il faut remonter au principe qui a inspiré toute sa vie.

« Puisque Dieu s'est donné à l'homme, l'homme doit se » donner à Dieu » : telle était la grande doctrine du P. Rouard. Il ne se doutait pas combien il la prêchait, surtout par son exemple. Point d'apôtre plus passionnément humble, mais point aussi de défenseur plus intrépide de l'homme en Jésus-Christ. « La grâce ne détruit pas la » nature, elle la sanctifie » : c'était un de ses axiômes de prédilection. Du reste, cette exaltation de l'homme ne se comprenait pas, selon lui, sans l'autorité de la lutte morale et de la mortification, ni sans l'onction intérieure de l'Esprit-Saint qui habite en nous. L'erreur protestante qui déclare que tout est corruption dans l'homme, même les vertus naturelles, excitait son indignation. Il s'alarmait peut-être plus encore de voir le rationalisme mettre exclusivement dans l'homme seul toute la raison de la vertu et du progrès. Ne vivant que dans l'atmosphère de la vérité catholique, il y puisait toute énergie et tout amour, tout renoncement et toute joie, toute vigilance et tout abandon. C'est le secret de cette paix invincible que respiraient ses traits, qui brillait dans son regard, et dont la sérénité ne l'abandonnait jamais, quels que fussent les événements.

» Fidèle à la grâce qui l'avait appelé de bonne heure, il répondit en se donnant à Dieu dans la simplicité de son âme, et en cultivant avec soin, par l'esprit de prière, l'hôte intérieur qui était la pierre fondamentale de son édifice spirituel.

» Le P. Rouard avait l'âme très-délicate et une sensibilité naturelle qui eût pu, s'il n'y eût veillé, dégénérer en susceptibilité, car c'est le propre de certaines natures, richement douées d'ailleurs, d'être plus sensibles à certaines discordances qu'apporte le commerce de la vie...

» Mais le P. Rouard portait devant Dieu « son âme entre » ses mains ». Toute chose lui apparaissait comme le voile qui cache la très-sainte volonté de Dieu. Cette volonté, la seule aimable pour lui, était son trésor et sa force. Aussi il se gardait en Dieu avec tant de vigilance et de fidélité que presque jamais la possession de lui-même ne lui échappait.

III. — » Il livra un jour involontairement le secret de cette vertu vraiment supérieure. Le P. Rouard fut quelque temps supérieur de la petite maison de Berlin. Son priorat coïncida avec les troubles qui, pendant plusieurs semaines, mirent l'existence du couvent et la vie même des religieux perpétuellement en question. C'est dans une des journées troublées, et en présence des plus grandes éventualités, qu'une fois, épanchant en lui toutes mes inquiétudes, je lui avouai la peine que j'avais à garder le calme et la sérénité. Il ranima ma confiance, et termina en me disant : « Il faut s'appliquer à faire naturellement les actions les » plus surnaturelles ». L'on ne saura qu'au ciel combien cette parole est le vrai portrait de sa vie, et tout ce que cette placidité si douce voilait d'observation fine, de grande pénétration, et en même temps de joyeux sacrifice et de domination de soi, en face des mille ennuis ou injustices de la vie quotidienne. Aussi est-ce à remarquer qu'en France, comme en Belgique et en Allemagne, on se plaisait naturellement à l'appeler « le bon Père Rouard » ; c'est le mot qui venait à la bouche de tous, même de ceux qui, à défaut d'autres rapports, n'avaient pour garant de cette bonté que le suave parfum de sa vie.

IV. — » Cette aménité et cette charité si chrétiennes du P. Rouard n'altéraient en rien chez lui la vertu de fermeté et le sentiment du devoir : car, si la charité inspire l'oubli et le sacrifice de soi-même, elle ne s'exerce jamais au détriment de la justice et du droit, et elle a alors des exigences de fermeté que le P. Rouard savait comprendre.

» Le coup d'œil prompt, le jugement sûr, l'expérience des affaires et l'heureuse manière de les traiter, enfin la remarquable possession de lui-même qui distinguaient le P. Rouard encore dans le monde, l'avaient désigné presque à sa sortie du noviciat pour remplir des charges et des fonctions importantes : présidence, priorat, provincialat, vicariat du général, il ne sortit guère de là pendant plus de vingt ans de sa vie dominicaine, et cela dans des provinces qui en étaient à leur résurrection. De là, pour lui, toutes sortes de relations et d'affaires, dans lesquelles il avait à conseiller, à diriger, à commander, à agir. En tout cela le P. Rouard parlait de Dieu, cherchait à s'éclairer de sa lumière, et poursuivait le succès de sa cause, se souvenant toujours du mot de saint Paul : *Pro Christo legatione fungimur* (1), et le pratiquant avec la simplicité, la fermeté et la charité de Celui dont il était le représentant. Il se donnait avec amour, mais il exigeait aussi l'accomplissement du devoir, et il remplissait le sien de manière à établir dans les choses et dans les âmes le règne de Jésus-Christ.

V. — » Il est facile de concevoir que cette hauteur de vues mettait le P. Rouard à l'abri des variations et des injustices qui sont le partage des esprits étroits et égoïstes. Qu'on fût agréable ou non, plein de charme ou ennuyeux, il donnait à tous également sa bienveillance, son temps, sa personne ; qu'on agît bien ou mal avec lui, ses résolu-

---

(1) « Nous sommes les ambassadeurs de Jésus-Christ. » (II *Corinth.*, V, 20.)

tions et sa conduite ne s'en ressentaient que si les intérêts de Jésus-Christ étaient en jeu. Certes il s'entendait à nouer et à cultiver les amitiés véritables, celles qui reflètent la charité éternelle et qui développent en même temps les meilleurs côtés du cœur et de l'esprit : c'est ce qui explique les sentiments et la gratitude dont s'émeuvent encore profondément à son souvenir ceux qui jouirent de son amitié ou de sa direction paternelle. Mais l'amitié ne l'empêchait pas de discerner en chacun le don de Dieu et le parti qu'on en pouvait tirer pour son service. C'était même là ce qui faisait la règle de ses rapports avec tous, et il ne permettait à aucune considération personnelle d'y intervenir. Aussi, lorsque l'harmonie de la charité venait par hasard à se troubler quelque part, était-il fort pour la rétablir, et cela encore sans rien sacrifier des devoirs ou des droits dont sa charge le constituait le gardien. Il n'était content que quand il voyait la paix régner dans les âmes, et toutes les volontés concourir d'un effort unanime à la gloire de Dieu (1).

VI. — » Cette vertu, dans laquelle n'apparaissait pas l'ombre d'une recherche personnelle, faisait sa force dans les conseils qu'il pouvait être appelé à donner en haut, et tempérait de beaucoup de condescendance les ordres qu'il pouvait avoir à donner comme supérieur. Le Révérendissime Père Jandel, de douce et sainte mémoire, avait en lui la plus grande confiance, et lui faisait part de presque tous ses projets. Ils étaient donc dans de fréquents rapports d'affaires ou d'amitié. L'ardeur du défunt maître général pour la diffusion et le progrès de l'Ordre rencontrait dans le cœur du P. Rouard une ardeur égale. Cependant leurs opinions sur l'utilité de tel ou tel acte, sur l'opportunité ou la valeur de telle ou telle mesure, pouvaient diverger, et divergèrent quelquefois. Dans ces circonstances, la résolu-

---

(1) *L'Année Dominicaine*, 1878, nº 221, p. 450-453.

tion du supérieur une fois prise ne trouvait pas de religieux plus obéissant et plus prompt à la servir que le P. Rouard; mais, tant que durait le temps du conseil, il aurait cru manquer à la confiance reçue ou à son caractère s'il n'avait usé d'une entière franchise et fait valoir, bien qu'avec le respect le plus filial, toutes les objections qui lui semblaient fondées. Il est arrivé que cette divergence d'avis se manifestait sur des questions de la plus haute importance : jamais ni la sincérité, ni la piété filiale d'une part, ni l'affection et la confiance paternelle de l'autre, n'eurent à en subir la moindre atteinte.

VII. — » Une autre qualité de cette âme, une des plus aimables et des plus caractéristiques en même temps, c'est son simple et inaltérable esprit de foi. Il vivait avec Dieu, et il était persuadé que Dieu vit avec nous. A ce père de toute paternité au ciel et sur la terre, il attribuait un regard et un amour paternel pour chaque détail de notre vie ; de même que, dans l'ordre de la vie surnaturelle, il obéissait à cette persuasion que Dieu dispose toutes choses avec force et suavité, « selon la mesure, le nombre et le poids », et il s'efforçait de pénétrer les intentions de la Providence, pour s'y conformer. Le moindre événement était pour lui comme le calice de cette volonté providentielle, et il s'appliquait pieusement à en recueillir les avertissements avec un soin si minutieux qu'il aurait pu paraître quelquefois entaché de superstition. Mais ce n'était que le scrupule d'une âme complétement ouverte à la charité et à la volonté de Dieu.

VIII. — » Une âme aussi jalouse du règne absolu de Dieu se trouvait portée par son mouvement même à la perfection. Livré de tout cœur à sa vocation de religieux, l'intelligence convaincue et pénétrée de la doctrine du renoncement, le P. Rouard avait de bonne heure recherché ces vraies profondeurs où l'humilité cache les meilleurs efforts de la vertu et se cache plus soigneusement elle-même dans le sein de Dieu. Bien que supérieur, il se complaisait aux services même les plus bas, surtout lorsqu'il se croyait à l'abri de tout regard. « Il faut s'appliquer, avait-il dit, à faire naturellement les actions surnaturelles. » Encore une fois, ce mot, échappé un jour de ses lèvres pour l'encouragement d'un frère, était son plus fidèle portrait. Mais on peut ajouter que son profond esprit de foi rendait la parole inverse également vraie pour lui. Nul ne mettait plus d'attention à veiller sur lui-même, à attendre le Seigneur, et à faire, en effet, surnaturellement les choses même les plus ordinaires. C'est là ce que démontrerait plus d'un trait saillant, et un observateur tant soi peu attentif pouvait en faire l'observation à chaque instant de sa vie quotidienne (1). »

IX. — Nous avons parlé, dans le second chapitre de cette biographie, de la visite que l'abbé Rouard fit au curé d'Ars pour le consulter sur sa vocation religieuse. Après deux jours passés dans la bourgade, n'espérant plus pouvoir, à cause de l'affluence des visiteurs, parler à M. Vianney, il se disposait à partir, quand celui-ci se présenta à lui, et lui dit : « Monsieur l'abbé, j'ai besoin de vous parler : venez demain à six heures ».

L'abbé Rouard ne manqua pas au rendez-vous, et le pieux curé lui dit, entre autres choses : « Ah ! Monsieur l'abbé, quand vous vous serez donné tout à Dieu, que de bien vous ferez ! que d'âmes seront sauvées par vous ! »

Cette conversation, que le P. Rouard, quelques semaines avant sa mort, révéla à un de ses intimes amis, était une prophétie. Nous avons vu, par les détails de cette biographie, qu'on pouvait appliquer au P Rouard ces paroles que le Seigneur dit dans la sainte Écriture : « Il a marché avec moi dans la paix et la justice, et il a détourné un grand nombre d'âmes de l'iniquité. — *In pace et æquitate ambulavit mecum, et multos avertit ab iniquitate* (2). »

---

(1) *L'Année Dominicaine*, 1879, n° 224, p. 66-68.
(2) MALACH., II, 6.

Limoges et Paris. — Imp. Chapoulaud frères

OUVRAGES DU MÊME AUTEUR.

Les notices sur le *Tombeau de saint Junien* (1847), sur le *château de Châlusset* (1851), la *Revue archéologique de la Haute-Vienne* (1854), la *Dissertation sur l'apostolat de saint Martial et sur l'antiquité des Églises de France* (1855), *les Trois chevaliers défenseurs de la cité de Limoges* (18[illegible]), sont épuisées.

CHRONIQUE DE MALEU, chanoine de Saint-Junien, mort en 1322 (*Chronicon Comodoliacense*), suivie de DOCUMENTS HISTORIQUES SUR LA VILLE DE SAINT-JUNIEN, 1848, in-8° de 264 pages. — Limoges, Ducourtieux. — Prix : 3 fr. — Documents historiques, etc. — Prix : 1 fr.

HISTOIRE DE LA CATHÉDRALE DE LIMOGES, première partie, in-8° de [illegible] pages, 1852. — A Paris, chez Haton. — Limoges, chez Leblanc et Ducourtieux. — Prix : 2 fr.

PIERRE LE SCOLASTIQUE, ou Fragments d'un poème sur saint Martial (Xe siècle), recueillis et publiés pour la première fois, 1857. — A Paris, chez Haton, rue Bonaparte, 33. — Prix : 1 fr. 50 c.

BIOGRAPHIE DE FRANÇOIS DE ROUSIERS, gentilhomme limousin du XVIe siècle, grand in-8° de 100 pages, 1859. — A Paris, chez Haton. — Prix : 2 fr.

DOCUMENTS INÉDITS SUR L'APOSTOLAT DE SAINT MARTIAL ET SUR L'ANTIQUITÉ DES ÉGLISES DE FRANCE, in-8° de 96 pages, avec trois planches lithographiées, 1860. — A Paris, chez Haton. — Prix : 2 fr. 50 c.

VIE DE SAINT LÉONARD, solitaire en Limousin, ses miracles et son culte, in-8° de 320 pages, 1863. — A Paris, chez Haton. — Limoges, chez Leblanc, Dumont, Ducourtieux. — Prix : 4 fr.

NOTICE SUR LE TOMBEAU DE JEAN DE LANGEAC, in-8°, 1869. — Paris, chez Dumoulin, quai des Grands-Augustins, 13. — Limoges, Leblanc, Dumont, Ducourtieux. — Prix : 1 fr.

OBSERVATIONS CRITIQUES A MM. BOURASSÉ ET CHEVALIER SUR LA LÉGENDE DE SAINT AUSTREMOINE ET LES ORIGINES CHRÉTIENNES DE LA GAULE, 1870. — Paris, chez Haton, rue Bonaparte, 33. — Limoges, chez Leblanc. — Prix : 2 fr.

ADÉMAR DE CHABANNES, 1873. — Paris, Champion, quai Malaquais, 15. — Limoges, chez Dumont, Leblanc, Ducourtieux. — Prix : 2 fr.

LE P. BONAVENTURE, PIERRE DE LIMOGES, JEAN DE LIMOGES, ETC., 1877. — Limoges, chez Ducourtieux. — Prix : 50 c.

NOTICE SUR LE JUBÉ DE LA CATHÉDRALE DE LIMOGES, in-8°, 1878. — Paris, chez Haton.

NOTRE-DAME-DU-PONT à Saint-Junien, 1878. — Paris, chez Haton. — Prix : 1 fr.

LA VÉRITÉ SUR LA MORT DE RICHARD CŒUR-DE-LION, 1878. — Paris, chez Haton. — Limoges, chez Leblanc, Dumont, Ducourtieux. — Prix : 3 fr.

www.ingramcontent.com/pod-product-compliance
Ingram Content Group UK Ltd.
Pitfield, Milton Keynes, MK11 3LW, UK
UKHW021550260726
13993UKWH00002B/752

9 782329 268095